Heike Rüther, Christiane Keller-Krische

Tücher, Schals & Schokolade

Betonen Sie Ihre Schokoladenseiten

Christiane Keller-Krische

HOBBY- UND FREIZEITLITERATUR

Inhalt

Der Mensch ist, was er denkt.

Was er denkt, strahlt er aus.

Was er ausstrahlt, zieht er an.

Entdecken Sie
Ihre Schokoladenseiten

Souvenirs, Souvenirs...

Handbemalte Geburtstags- und Weihnachtsgeschenke ruhen unter farbenfrohen, exotischen Erinnerungsstücken aus vergangenen Urlaubsreisen. Dazwischen – bedruckte Werbegeschenke, seidene und wollene Frust- und Verlegenheitskäufe. Oben drauf „Kreationen", die nur bei erkälteter Blase oder starken Halsschmerzen zum Einsatz kommen. In die einen können Sie sich komplett einwickeln. Andere bekommen Sie – auch bei intensivem Luftanhalten – weder um den Hals, geschweige denn um Taille oder Hüfte. Manche sind wieder in, waren nie wirklich out, und werden von leidenschaftlichen Anhängerinnen – unabhängig von Modetrends – immerzu getragen. Bei diesen setzen sie, lässig geknotet oder kunstvoll drapiert, wunderschöne Farbakzente. Sie passen immer perfekt zur Garderobe und verrutschen nie!

Wie viele Tücher und Schals horten Sie in Schubladen, Kleiderschränken oder Hutschachteln, ohne sie zu tragen? Im Dunkeln kommen sie jedenfalls kaum zur Geltung. Möglicherweise stellen Sie mit Hilfe dieses Buches fest, dass Sie für Tücher nicht gemacht sind und werden sich auch in Zukunft auf wärmende Winterschals beschränken. Genauso gut könnte es sein, dass Sie Ihre Vorlieben überdenken und sich für Accessoires begeistern lassen, die eine ähnlich vielfältige Produktpalette bieten wie köstliche Schokolade.

Vielleicht würde einigen tuchbegeisterten Leserinnen ein Büchlein mit modisch aktuellen Bindetechniken ausreichen, deren Gebrauchsanweisung nicht an komplizierte japanische Papierfalttechnik erinnert.

Doch warum hängen so viele ungeliebte Accessoires und Kleidungsstücke in den Schränken? Weil die richtige Bindung fehlt? Ja, die Verbindung zu Ihnen, zu Ihrer einzigartigen Persönlichkeit und Ihrer vorhandenen Garderobe. So sieht das Ganze dann meist auch aus.

Mal angenommen, Sie könnten die übervollen Kleiderschränke und Schubladen einfach ignorieren und behaupten, Sie hätten nichts anzuziehen. Ohne Farb- und Stilkonzept machen Sie beim nächsten Shopping die gleichen Fehler wieder und schleppen die nächsten Kleiderschrankleichen nach Hause. Spätestens dann meldet sich Ihr schlechtes Gewissen. Zählen Sie einmal die Beträge zusammen, die Sie für ungetragene Stücke ausgegeben haben.

Die errechnete Summe zwingt förmlich dazu, die ungeliebten Sachen aufzutragen. Wenn es gut läuft, nur für wenige Minuten. Dann entscheiden Sie sich doch für den geliebten, Ihnen vertrauten Dress von vorgestern, ziehen den Schal in Ihrer Lieblingsfarbe und den Übergangsmantel für alle Gelegenheiten vom Haken, klemmen die Allround-Handtasche unter den Arm, schlüpfen in die alltagstauglichen Schuhe. Wenn es nicht so gut läuft, verbringen Sie einen ganzen Tag in dem ungeliebten Outfit und sammeln Komplimente wie: „Geht es Ihnen heute gut? Sie wirken etwas blass und abgespannt. Haben Sie Sorgen?"

Finden Sie Ihre Schokoladenseite(n)

Damit Sie Ihre ganz persönlichen Tuchideen auch wirklich finden und sich mit Ihrem äußeren Erscheinungsbild wohl und zufrieden fühlen, starten Sie mit einem genauen Blick in den Spiegel. Betrachten Sie sich leicht bekleidet oder nackt von vorn, der Seite und mit Hilfe eines kleinen Handspiegels auch von hinten. Tasten Sie mit Ihren Händen an Ihrem Körper entlang. Was ist an Ihnen charakteristisch? Welche Figurmerkmale empfinden Sie klein oder groß, rund oder kantig, schmal oder breit? Wirken Ihre Proportionen ausgewogen? Experimentieren Sie mit Ihrer Körperhaltung. Wie sehen Sie aus, wenn Sie die Schultern hängen lassen und einen krummen Rücken machen oder wenn Sie sich gerade halten und aufrecht stehen? Wie gefallen Sie sich, wie nicht? Schon eine gute Körperhaltung verleiht Ihnen ein selbstbewusstes Auftreten und neutralisiert Ungeliebtes am Körper (fast) wie von selbst.

Sagen Sie Ihrem Körper deutlich, was Sie an ihm mögen und was nicht. Behandeln Sie ihn dabei genauso liebevoll wie Ihre beste Freundin, die Sie seit langer Zeit mit all ihren Macken akzeptieren. Suchen Sie nach einem Kompromiss. Was lässt sich ändern, was nicht – noch wichtiger – wie lässt es sich ändern? Liebäugeln Sie mit einer Schönheitsoperation, einer Diät oder mit Sport? Für uns ist die wichtigste Voraussetzung für einen gesunden Körper und eine Wohlfühlfigur ganzheitliche Fitness. Damit meinen wir nicht unbedingt eine aktive Mitgliedschaft in einem Fitnessstudio. Wir sehen Sie auch nicht nur schwitzend und keuchend vor unserem geistigen Auge. Auf ganz unterschiedliche Art und Weise lassen sich Körperhaltung, Beweglichkeit, Ausdauer und Kraft trainieren. Suchen Sie nach Ihrem ganz persönlichen Wellness- und Fitnessprogramm. Investieren Sie Zeit und Geld in ausgewogene hochwertige Nahrungsmittel.

Nehmen Sie sich Zeit, um Geist und Körper auszuruhen und Kraft zu tanken. Übrigens – ein Stück Schokolade kann dabei wahre Wunder bewirken: Es liefert Energie, wirkt anregend auf Nerven und Gehirn, beschwingt und macht fröhlich.

Wenn Ihnen einige unveränderbare Zutaten an Ihrer Figur überhaupt nicht schmecken, bestrafen Sie sich nicht mit düsteren Farben, langweiligen Stoffen oder weiten Schnitten. Pflegen Sie diese ebenso wie Ihre Schokoladenseite(n) – nur ins Rampenlicht gehören Sie nicht. Oder doch? Wie selbstbewusst Sie mit Ihren „süßen Lastern" umgehen und wie intensiv Sie Ihre Einmaligkeit unterstreichen, entscheiden nur Sie. Hauptsache, Sie machen für sich und Ihre Betrachter ein Erlebnis daraus.

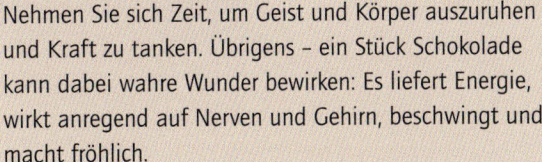

Wenn es Ihnen schwer fällt, Ihre Figur einzuschätzen, markieren Sie Schulter-, Taillen- und Hüftbreite, Brust-, Schritt- und Kniehöhe – mit einem alten Lippenstift oder Klebezetteln – auf einem Spiegel.

Sie haben keinen großen Spiegel oder ignorieren diesen? Nehmen Sie aktuelle Urlaubsfotos, auf denen Sie Ihren Körper deutlich erkennen können. Oder kleben Sie Zeitungen, Packpapier oder eine Rolle Malpapier an eine Tür oder auf den Boden und lassen Sie die Umrisse Ihres Körpers malen. Eine Freundin wird Ihnen sicher gerne dabei helfen.

Vergleichen Sie Ihr Spiegelbild mit unserer Auffassung von Schokoladenseiten, die es zu entdecken gilt. Sie werden sich bestimmt wiederfinden.

Eine Frage der Größe

Wie groß sind Sie beziehungsweise wie groß fühlen Sie sich?

Obwohl wir uns an den Körpergrößen der deutschen Damenoberbekleidung orientieren, sind für Sie genaue Zentimeterangaben gar nicht so wichtig. Proportionen, Knochenbau und Gewicht entscheiden maßgeblich über Ihre optische Größe.

Wenn Sie Kleidung und Accessoires selber nähen oder Maß schneidern lassen, wird jedes Detail an Ihre individuellen Körpermaße angepasst. Sie müssen sich nicht über unpassende Kleidung ärgern und Ihre Größe mit vorgegebenen Normgrößen messen. In der modernen Bekleidungsfertigung ist es leider nicht möglich, individuell auf Größe und Maße einzugehen. Da sich die Körpermaße und deren Relationen im Laufe der Zeit durch

Größenbezeichnungen und Kennmaße für Normalhüftige

Brustumfang	Hüftumfang	Körperhöhe / Größen-Kurzbezeichnungen		
		Kurz 160 cm	Normal 168 cm	Lang 176 cm
76 cm	86 cm	16	32	64
80 cm	90 cm	17	34	68
84 cm	94 cm	18	36	72
88 cm	97 cm	19	38	76
92 cm	100 cm	20	40	80
96 cm	103 cm	21	42	84
100 cm	106 cm	22	44	88
104 cm	109 cm	23	46	92
110 cm	114 cm	24	48	96
116 cm	119 cm	25	50	100
122 cm	124 cm	26	52	104
128 cm	129 cm	27	54	108
134 cm	134 cm	28	56	112
140 cm	139 cm	29	58	116
146 cm	144 cm	30	60	120

Lebens-, Freizeit- und Ernährungsgewohnheiten immer wieder verändern, sind auch die Größenzuordnungen zu den Körpermaßen einem steten Wandel unterworfen. Dazu kommt, dass die Kleidermaße durch die modische Kreativität des Designers bestimmt wird. Ein noch so schicker, aber schlecht sitzender Blazer macht uns morgens vor dem Spiegel schlechte Laune. Der Schnitt ist vorgegeben. Entweder er sitzt oder nicht. Um Passformprobleme so gut wie möglich vorzubeugen und Ihnen die Wahl der Accessoires und Garderobenstücke zu erleichtern, machen wir Sie hier mit den Größen in der Damenoberbekleidung vertraut.

Größen in der Damenoberbekleidung (DOB)

In Deutschland werden zur Ermittlung der Maße für die Damenoberbekleidung regelmäßig Reihenmessungen durchgeführt. Mit Hilfe dieser werden ein Größensystem erstellt und die Bekleidungsgrößen festgelegt. Ein kleiner Trost für all die Leserinnen, die bisher glaubten, die Maße 90/60/90 und eine Konfektionsgröße 36–38 seien notwendig, um gut auszusehen: Von allen in den Reihenmessungen vermessenen Mädchen und Frauen zwischen 14 und 70 Jahren ist die Größe 40 am häufigsten vertreten. Die Maße: Brustumfang 92 cm, Taillenumfang 76 cm, Hüftumfang 100 cm, Körperhöhe 168 cm.

Den Normalgrößen sind die Nummern 32, 34, 36 … 56, 58, 60 zugeordnet. Bei den kurzen und langen Größen werden die Nummern halbiert bzw. verdoppelt. Brustumfang, Körperhöhe und Hüftumfang sind Kennmaße. Innerhalb einer Größenreihe bleibt die Körperhöhe konstant.

13

Kurz

Mit etwa 160 cm Körperhöhe gehören Sie auf die kurze Seite und sollten „Kurze Größen" wählen. Diese werden mit der halben Normalgrößen-Nummer bezeichnet und gehen von 16–26. Haben Sie von Brust- und Hüftumfang eine Größe 40, sollten Sie versuchen, Größe 20 zu kaufen. Obwohl immer mehr Hersteller Kurz- und Langgrößen anbieten, ist die Auswahl noch recht gering. Suchen Sie bewusst nach Anbietern, deren Kleidermaße kurz ausfallen und bleiben Sie diesen – nach Möglichkeit – treu. Achten Sie auf perfekte Passform! Kalkulieren Sie beim Einkauf den Preis für Änderungen ein. Lassen Sie Ärmel-, Rock- und Hosenlängen auf Ihre Maße kürzen.

■ Falten Sie große Tücher und lange Schals kleiner.

■ Verzichten Sie auf großflächige Bildmotive, die beim Falten sowieso keiner mehr sieht. Entscheiden Sie sich für kleine Muster, die zu Ihnen und Ihrer Garderobe passen.

■ Voluminöse Strickschals, riesige Tücher oder große Pelzkragen wirken schnell zu wuchtig.

■ Wenn Sie auf eine Stola oder ein Dreieckstuch, um Taille und Hüfte gebunden, nicht verzichten können, tragen Sie diese(s) in der Farbe des Kleides. Eine Kontrastfarbe unterteilt den Körper optisch und macht kleiner.

■ Tragen Sie Oberteile und Tücher in hellen und lebendigen Farben. Das lenkt die Aufmerksamkeit des Betrachters auf Ihr Gesicht. Sieht man Sie von oben bis unten an und bleibt mit dem Blick im Gesicht und nicht an den Füßen hängen, wirken Sie optisch größer.

■ Ober- und Unterteile in einer Farbe und aus einem Stoff garantieren nicht nur vielseitige Kombinationsmöglichkeiten, sie machen auch größer.

■ Achten Sie auf Nähte, Taschen und andere Schnittdetails, die längs oder diagonal verlaufen. Das streckt.

■ Eine gerade Schulterlinie hebt die Figur. Schulterpolster sollten maßstabsgerecht – also zierlich – ausfallen.

■ Taillierte und gerade kurze Jacken sind vorteilhafter als lange Blazer und Gehrock-Modelle.

■ Gerade geschnittene Röcke, Hosen ohne Aufschlag und einteilige Etuikleider sollten in Ihrem Kleiderschrank nicht fehlen.

■ Sie möchten einen Gürtel tragen? Wählen Sie einen schmalen Gürtel, farblich auf die Kleidung abgestimmt. Zierliche Gürtel kleiden Sie besser als breite Modelle mit großer Schnalle.

Alles Schokolade!

Die Größe, die der Mehrzahl der Menschen passen dürfte, bezeichnet man als Normalgröße. Normalgrößen basieren in der Damenoberbekleidung auf einer Körperhöhe von 168 cm. Die Größenbezeichnung fängt mit 32 an und geht dann in Zweier-Schritten (34, 36, 38 ...) bis 60 („Große Größen").

Gehören Sie zu den „Ja, du kannst alles tragen"-Frauen, die sich weder zu groß noch zu klein fühlen, deren Proportionen ausgewogen scheinen und die mit ihrer Figur rundum zufrieden sind? Einkaufen macht Ihnen einfach Spaß. Sie probieren ein Kleidungsstück in Ihrer Konfektionsgröße und es passt perfekt von Kopf bis Fuß. Sie wissen selbst all zu gut, dass bei Ihnen erlaubt ist, was gefällt. Doch auch bei Ihnen kommt es auf die Zutaten an. Wenn Sie mit zu vielen Farbharmonien und Stilrichtungen experimentieren, werden Sie sich verzetteln und ratlos vor dem Kleiderschrank stehen. Gehen Sie also ins Detail und in den folgenden Kapiteln auf die Suche nach Ihrem ganz persönlichen Look.

Mit den folgenden Tipps möchten wir alle Leserinnen – unabhängig von Größe und Figur – anregen, Tücher und Schals formvollendet auf ihre Garderobe abzustimmen:

■ Ein farbiges Tuch am Hals wirkt so erfrischend wie ein typgerechtes Make-up. Vorausgesetzt, die Farbe bringt Ihre Haare und Augen zum Leuchten und lässt Ihre Haut frisch und ausgeruht erscheinen. So manches Lieblingstuch hat schon – dank akuter Zeitnot – das fehlende Make-up ersetzt.

■ Tragen Sie keine Farben direkt am Gesicht, die Sie entweder blass und müde aussehen lassen oder die Sie gar nicht mögen. Verzichten Sie dann besser ganz auf ein Tuch – es macht nur schlechte Laune.

■ Wenn Sie ein farbenfrohes, auffällig gemustertes Tuch richtig zur Geltung bringen wollen, tragen Sie ein einfarbiges Outfit dazu.

■ Auch ein „fremder" Farbtupfer kann sehr reizvoll sein. Die Farbe des Tuches kann die Farbgebung der Kleidung aufgreifen, muss aber nicht.

■ Helle glänzende Farben machen größer und voluminöser. Dunkle matte Farben machen kleiner und schlanker.

■ Muster fesseln den Blick des Betrachters.

■ Tragen Sie hochwertige Stoffqualitäten. Sie haben länger Freude daran und sehen darin einfach besser aus.

Lang

Langgrößen basieren auf 176 cm Körperhöhe und werden mit der doppelten Normalgrößen-Nummer versehen. Tragen Sie eine Normalgröße 38, sollten Sie versuchen, Größe 76 zu kaufen.

Wenn Sie sehr groß sind, kontrollieren Sie bei der Anprobe eines neuen Kleidungsstückes die Hosen-, Rock- und Ärmelsäume. Ist genug Nahtzugabe vorhanden, um die Säume zu verlängern? Sieht man die Änderung später oder fällt diese nicht auf? Da gibt es einen einfachen Trick: Ziehen Sie Ober- und Unterstoff am Saum zart auseinander und streichen Sie mit dem Finger über die Kante. Sieht man weder eine scharfe Bügelkante noch einen hellen abgeriebenen Streifen, lässt sich das Kleidungsstück perfekt verlängern (funktioniert nicht bei abgestepptem Leder). Immer mehr Hersteller bieten Hosen mit offenen Säumen an. Wählen Sie modisch verkürzte Ärmel- und Hosensäume nur dann, wenn es zu Ihren Proportionen und denen der restlichen Kleidung passt. Man könnte sonst annehmen, der Stoff habe nicht gereicht oder das Kleidungsstück wurde zu heiß gewaschen.

■ Große Tücher und Schals, mit aufwändigen und raffinierten Stoffoberflächen, lebendigen Farbkontrasten und großen Mustern, kommen an Ihnen gut zur Geltung.

■ Große Kaschmirschals, Plaids, Pelzkragen oder dicke Strickschals sowie Stoffe aus Tausend-und-einer-Nacht für festliche Anlässe kleiden Sie hervorragend.

■ Legen Sie Tücher mit Bildmotiven nur locker zusammen. So bleibt wenigstens die Hälfte des Bildes sichtbar.

■ Sie haben am Körper Platz für modische Akzente. Wie wäre es mit einem Tuch um Taille oder Hüfte?

■ Ober- und Unterteile in unterschiedlichen Farben und Materialien verkürzen die Körperlänge. Wenn Sie Ihre Körperhöhe nicht betonen möchten, wählen Sie – dem Anlass entsprechend – helle Hosen und Röcke, kontrastfarbene Schuhe und Strümpfe.

■ Die Proportionen müssen stimmen. Tragen Sie kurze Jacken mit einem langen ausgestellten Rock oder einer weiten Hose.

■ Wenn Ihnen Jacken mit aufgesetzten Taschen und Gürteln, doppelt geknöpfte Blazer, große Revers- und Kragenformen gefallen – her damit!

■ Lange Trenchcoats, Wachsjacken und Mäntel mit Binde- und Wickeleffekten stehen Ihnen ausgezeichnet. Wenn Sie zum Dünnsein neigen und diesen Zustand nicht betonen möchten, wählen Sie bauschige Schnitte, die ein bisschen Volumen zaubern, wo keines ist.

Was ist Schönheit?

Anmut, Liebreiz, Geschmacksvollendung.
Dies sind andere Worte für „Schönheit".
Nicht nur wir haben uns darüber Gedanken
gemacht. Schon Eugen Roth ist ein Gedicht
zur Schönheit aus der Feder geflossen.

Schönheit

Die Welt, du weißt's, beurteilt dich,
Schnöd wie sie ist, nur äußerlich.
Drum, weil sie nicht aufs Innere schaut,
Pfleg du auch deine heile Haut,
Dass Wohlgefallen du erregst,
Wo du sie auch zu Markte trägst.
Die Zeitung zeigt dir leicht die Wege
Durch angepriesene Schönheitspflege.
Durch Wässer besser als mit Messer
Hilft dir ein USA-Professer,
Und ein Versandgeschäft im Harze
Hat Mittel gegen Grind und Warze
Und bietet dir für ein paar Nickel
Die beste Salbe gegen Pickel.
Sie macht die Haut besonders zart,
Ist gut auch gegen Damenbart,
Und ist, verändert kaum im Titel,
Auch ein erprobtes Haarwuchsmittel,
Soll gegen rote Hände taugen

Und glanzbefeuern deine Augen
Und wird verwendet ohne Schaden
Bei Kropf und bei zu dicken Waden,
Ist aber andrerseits bereit,
Zu helfen gegen Magerkeit
Und ist, auf Ehre, fest entschlossen,
Zu bleichen deine Sommersprossen.
Sie wird sich weiterhin entpuppen
Als Mittel gegen Flechten, Schuppen,
Ist, was besonders angenehm
Für Frauen, gut als Büstencrem
Verwendbar, und zwar, wie man wolle,
Für schwache Brust und übervolle.
Sofern du Glauben schenkst dem Frechen,
Hast nichts zu tun du, als zu blechen.
Die Salbe selbst wird, nachgenommen,
Und wohntest du am Nordpol, kommen.

Eugen Roth

17

Proportionen entscheiden

Welche Proportionen kommen Ihren am nächsten?

Künstler teilen beim Zeichnen eines ideal proportionierten Menschen den Körper in vier ungefähr gleich große Teile: Vom Scheitel bis zu den Brustwarzen, von dort bis zum Schritt, vom Schritt bis zur unteren Kante der Kniescheibe und von der Kniescheibe bis zur Fußsohle. Die Kopfhöhe wird als Grundmaß genommen.
Bitte seien Sie nicht unglücklich, wenn diese Einteilung bei Ihnen nicht funktioniert. Die wenigsten von uns haben diese klassischen Maße. Wirken Hals, Arme, Taille, Ober- oder Unterschenkel im Verhältnis zueinander eher lang oder kurz?

Klassisch

Ihre Proportionen wirken ausgewogen. Ob Sie zu den „Ja, du kannst alles tragen"-Frauen gehören, entscheiden Ihre Körpergröße und Ihre Schokoladenseite(n) im Detail.

Oberkörper kurz – Beine lang

Der Oberkörper wirkt optisch kürzer und breiter, oft etwas gedrungen, dafür wirken die Beine länger und schlanker.

■ Legen Sie Tücher zu Bändern zusammen oder verwenden Sie Langschals. Asymmetrische Bindetechniken lenken etwas von der Breite und Kürze Ihres Oberkörpers ab.

■ Die Tuch- oder Schalenden bzw. Knoten liegen nicht auf Brusthöhe, sondern darunter.

■ Wenn Sie einen Gürtel tragen möchten, dann wählen Sie entweder einen Hüftgürtel oder den Gürtel in der Farbe des Oberteils.

■ Kurze Bündchen an Rock- und Hosenbund geben dem Oberkörper ein paar Zentimeter mehr Länge. Hüfthosen und Röcke sind vorteilhaft.

■ Lange schmale Revers und Stehkragen strecken.

■ Tragen Sie Pullover und antaillierte Blusen über Rock- oder Hosenbund. Zwei Oberteile wirken nicht selten überzeugender als eines. Mit einem locker geschnittenen Twinset (Pulli und Jacke in gleicher Farbe und gleichem Material) sind Sie immer gut angezogen. Der Taillenbund wird mindestens eine Handbreit von den Oberteilen verdeckt.

■ Leicht taillierte Jacken und Blusen kreieren eine Taille.

■ Bei sehr breiter Taille wählen Sie gerade geschnittene Oberteile, T-Shirts und Pullis mit Stretchanteil, die körpernah aber nicht eng geschnitten sind.

■ Die Blusen- oder T-Shirtärmel enden nicht direkt auf Brustspitzenhöhe, sondern darunter. Eine horizontale Linie an der Brust verstärkt diese optisch. Das gleiche gilt für aufgesetzte Brusttaschen.

■ Das heißt aber nicht, dass Sie nur lange „Schlabberpullis" tragen sollten. Auf die Farbkombinationen kommt es an. Bei sehr starker Brust und ausgeprägtem Bauch wählen Sie dunkle Farben und matte Stoffe für Oberteil und Jacke, Muster für Hose und Rock.

Oberkörper lang –
Beine kurz

Der Oberkörper wirkt lang, die Taille schmal und meist gut eingekerbt, der Po und die Beine wirken optisch kurz, oft kräftig.

■ Sie haben am Oberkörper Platz für raffinierte Bindetechniken, ausgefallene Stoff- und Farbmuster.

■ Hose bzw. Rock, Strümpfe und Schuhe in einer Farbe verlängern die Beine. Eine dunkle Farbe macht das Bein schlanker. Wo kein Farbkontrast oder Glanz ist, sieht man auch nicht hin.

■ Einen Gürtel tragen Sie am vorteilhaftesten in der Farbe des Rockes oder der Hose.

■ Wählen Sie Kleider, Röcke und Hosen mit hohen Taillenbündchen.

■ Kurze Westen, Boleros und ähnlich kurze Jackenmodelle wirken, mit gerade geschnittenen Röcken oder Kleidern kombiniert, überzeugend.

■ Ihr klassischer Blazer kann den Po bedecken, sollte aber nie zu lang getragen werden.

Echte Trinkschokolade

Zutaten für 4 Tassen:
120 g Zartbitterschokolade
100 ml Wasser
900 ml Milch
Salz
1 EL Zucker
2 TL Schokoladestreusel

Zubereitung:
Die Schokolade fein reiben und in 100 ml heißem Wasser glatt rühren.
Die Milch mit einer Prise Salz erhitzen, jedoch nicht kochen lassen. Die gelöste Schokolade und den Zucker einrühren. Topf vom Herd ziehen und den Inhalt mit dem Schneebesen schaumig aufschlagen.
Die Trinkschokolade in vorgewärmte Tassen füllen, mit Schokostreuseln bestreuen und sofort servieren.

Quelle: www.theobroma-cacao.de

Guatemaltekischer Liebeszaubertrank

*Ob es wahr ist, dass Kakao eine aphrodisierende
Wirkung hat? Dieses magische Schokogetränk
aus Guatemala verspricht es. Probieren Sie es.*

Zutaten:

*2 Vanillestangen
1 Liter Milch
2 Esslöffel Kakao
¼ Liter Wasser
2 Esslöffel Honig
2 Esslöffel Rohrzucker
½ Teelöffel Cayennepfeffer oder Tabasco
4 cl Rum oder Tequilla
1 Prise Salz*

Zubereitung:

*Vanillestangen in der Milch 10 Minuten lang
köcheln lassen. Das Mark herauskratzen und
mit dem Kakao im Wasser zum Kochen bringen.
Milch hinzufügen und gut verrühren. Honig, Rohrzucker, Cayennepfeffer, Salz und Rum unterrühren.
Sehr heiß oder gut gekühlt servieren.*

Quelle: www.chococlub.com

Schokoladen-Kaffee

Zutaten für 6 Getränke:

*6 Tassen heiße Schokolade
6 Tassen Kaffee
20 cl Schlagsahne
Orangenschale*

Zubereitung:

*Schokolade und Kaffee mischen und mit Schlag-
sahne bedecken. Mit Orangenschale bestreuen
(nur ganz kleine Stückchen der äußeren Schale
von ungespritzten!! Orangen).*

Quelle: www.theobroma-cacao.de

Echt heiß

Schokoladenseiten im Detail

Pfefferminzplätzchen, Cassistrüffel, Kokospralinen oder lieber Schokostäbchen. Schlank, rund, eckig oder gefüllt. So unterschiedlich Formen, Zutaten und Geschmäcker auch sein mögen – alle haben eines gemeinsam: Sie sind verflucht verführerisch und machen glücklich. Suchen Sie nicht das perfekte Gesicht, den perfekten Po oder die perfekten Beine. Akzeptieren Sie Ihre Einzigartigkeit und Individualität.

Betonen

Folgen Sie mit der Wahl von Frisur, Make-up, Accessoires, Kleidungsschnitten, Farben und Stoffen vorhandenen Körperformen. Die Wiederholung der Linien betont diese harmonisch oder verstärkt sie.

Verstecken

Gleichen Sie Ihre Körperformen optisch aus. Kaschieren, retuschieren – nehmen Sie all das aus dem Spiel, was Ihnen nicht gefällt. Arbeiten Sie mit einem Gegengewicht zum Vorhandenen. Vermeiden Sie dabei zu starke Extreme. Diese heben eher Ungleichgewichte hervor.

Betonen oder verstecken? Sie entscheiden!

Gesicht

Zum Einschätzen der Gesichtsform stecken Sie die Haare aus dem Gesicht. Analysieren Sie Ihr Gesicht im Ganzen. Vergleichen Sie die Länge des Gesichts im Verhältnis zu seiner Breite. Betrachten Sie die Form der Stirn, Wangen- und Kieferknochen. Auch Nasenlänge, Augenbrauenlinie, Augengröße und Augenabstand sind wichtige Entscheidungskriterien, zum Beispiel für die Wahl einer Brillenfassung und zum Akzentuieren eines Make-ups.

Oval

Länge und Breite wirken, im Verhältnis zueinander, harmonisch und perfekt proportioniert. Weder ausgeprägte Wangen- noch Kieferknochen ragen stark aus dem Gesicht heraus. Die Konturen wirken weich.

■ Ob Sie sich für kurze, lange oder hochgesteckte Haare entscheiden, verzichten Sie auf übermäßiges Volumen, welches Ihre weichen Züge optisch verschwinden lässt. Eine halblange, weich gestufte Frisur ohne übermäßige Fülle steht Ihnen besonders gut.

■ Bei Ihnen sind Tücher und Schals wirklich reine Geschmacksache. Auch bei Ausschnitten und Kragenformen haben Sie die freie Wahl.

■ Bei Brillen ist alles erlaubt – fast alles! Die Brillenfassung sollte mit der Gesichtsform harmonisch abschließen und nicht seitlich über die Gesichtskonturen hinausragen.

■ Ob kleine Perlenstecker oder große Clips – Hauptsache Farbe und Design passen zu Ihnen und Ihrer Garderobe.

Rund

Stirn, Wangen und Kinn bilden annähernd die Form eines Kreises. Das Gesicht ist flächig und rund.

■ Eine luftige Frisur mit Volumen am Oberkopf und schmaler Seitenpartie steht Ihnen prima. Halblange Haare sollten klar konturiert geschnitten sein. Etwas ovaler wirkt das Gesicht, wenn einige Strähnen die Gesichtsform einrahmen. Auch ein asymmetrischer Haarschnitt lenkt von der flächigen Gesichtsform ab. Tragen Sie Ihr Haar nicht zu kurz und vermeiden Sie – wenn möglich – Dauerwellen.

■ Kreieren Sie mit Tüchern und Schals halsferne Ausschnitte, die optisch die Gesichtsform strecken. Dies gilt auch für Ausschnitte und Kragen Ihrer Kleidung. Ein Schal – schlicht um den Hals gelegt – könnte zu einem Lieblingsstück werden.

■ Brillenfassungen mit betont senkrechten Linien geben dem Gesicht Länge. Breite Rahmen und eckige Formen verleihen dem runden Gesicht Kontur. Schmale kreisförmige Brillenformen betonen die runde Gesichtsform.

■ Lange und halsferne Ketten strecken, halsnahe Colliers und runder Ohrschmuck betonen Ihre Gesichtsform.

Länglich und schmal

Die Gesichtsform hat die Optik eines gestreckten, schmalen Ovals. Stirn oder Kinn wirken lang, manchmal etwas kantig.

■ Um etwas Länge aus dem Gesicht zu nehmen, tragen Sie einige Haarsträhnen oder Pony in die Stirn. Stufige Frisuren, die weich der Kinnlänge folgen, bringen Fülle ins Haar und ins Gesicht.

■ Halsnahe und voluminöse Bindetechniken an Hals und Schultern, weite Rollkragen und Hemdblusenkragen verkürzen die Länge der Gesichtsform.

■ Eine Brillenfassung mit waagerechter Linienführung unterbricht die betont senkrechten Linien der Gesichtsform. Verzierungen am äußeren Rand der Fassung lenken den Blick dorthin. Wenn Ihr Gesicht sehr zart wirkt, übertönen Sie es nicht durch starke und aufwändig dekorierte Fassungen – außer Sie möchten das Accessoire mehr hervorheben als Ihr Gesicht.

■ V-Ausschnitte, schmale Schals, lange Revers betonen die lange und schmale Gesichtsform ebenso wie langer, hängender Ohrschmuck.

Rechteckig

Die Stirnpartie ist kantig und breit. Die Kieferknochen sind gut ausgeprägt und eckig. Die Wangenknochen stehen kaum hervor und formen eine gerade Linie zwischen Stirn und Kiefer. Die Gesichtsform wirkt sehr geometrisch.

◼ Weiche Frisuren mit viel Fülle, fransige Konturen und Haare, die leicht ins Gesicht gekämmt werden, lassen die Gesichtsform ovaler erscheinen. Eckige Schnitte und Ponyvariationen betonen die Kantigkeit.

◼ Weichfallende, fließende Tücherstoffe bieten sich perfekt an, kantige Gesichtszüge weicher erscheinen zu lassen.

◼ Ihre Brillen dürfen nicht zu klein und fein ausfallen. Welches Modell sollte Sie übertönen? Ovale und große, ausgefallene Brillenfassungen passen. Eckige, kantige Fassungen und kleine Brillen betonen die Kantigkeit der Gesichtsform.

◼ Runde, weiche Schmuckformen und Materialien, die nicht spitz und eckig wirken, stehen Ihnen gut.

Dreieckig mit breiter Stirn

Die Stirn ist hoch und breit, die Wangenknochen meist sehr ausgeprägt und das Kinn schmal. Ihre Gesichtsform ähnelt der Form eines Herzens.

◼ Volumen am Oberkopf, Pony, Seitenscheitel oder Strähnen in der Stirn nehmen ihr optisch Höhe und Breite und verleihen dem Gesicht ausgewogene Konturen. Sie müssen zwar kein langes Haar tragen, doch Haarvolumen im Nacken würde das lange, schmale Kinn ovaler erscheinen lassen.

◼ Es gibt einen Halsausschnitt, der fast exakt Ihre Kinnpartie nachzeichnet: Der V-Ausschnitt. Wenn Sie nicht den Wunsch haben, Ihre Gesichtsform zu betonen, wählen Sie weiche, runde Ausschnitte und zaubern Sie mit Tüchern und Schals Volumen unter das Kinn.

◼ Dünne Brillenfassungen in dezenten Farben und randlose Modelle eignen sich gut bei zarten und kleinen Gesichtern. Extrem runde oder eckige Brillen betonen die Gesichtsform.

◼ Hängende Ohrringe sollten nicht zu schmal ausfallen und in Höhe der Kieferknochen optisch Breite kreieren.

Hals

Halstücher sind für ihn geschaffen. Sie wärmen, schmeicheln und schmücken ihn, lenken von Fältchen ebenso
ab wie von peinlichen Knutschflecken. Haben Sie einen
„Schwanenhals" oder eher einen „Stiernacken" oder einfach nur einen schönen Hals?

Langer und schlanker Hals
Sie haben viel Platz. Je höher und voluminöser Sie Ihre
Tuch- und Schalkreationen tragen, desto mehr nehmen
Sie dem Hals seine Länge. Das heißt aber nicht, dass
jeder Schwan seinen Hals unbedingt optisch verkürzen
müsste.

Schön sehen an Ihrem Hals halbrunde und U-Boot-Aus-
schnitte, Steh- und Hemdblusenkragen, Roll- und Schild-
krötenkragen aus. Breite, kurze Ketten und üppiger
Schmuck am Dekolleté kommen an Ihrem schlanken
Hals schön zur Geltung.

Breiter und kurzer Hals
Legen Sie einen farbenfrohen Seidenschal schlicht um
den Hals. Oder schwingen Sie einen Kaschmirschal lässig um Schulter und Rücken. Auch ein Tuch, einseitig
mit einem unsichtbaren Ring am Oberteil befestigt, sollte
in Ihrem Kleiderschrank nicht länger fehlen. Tief und
schlank gebundene Schals und nach oben gestellte,
leicht geöffnete Blusenkragen kaschieren eine eventuell
vorhandene Nackenrolle. Schmale V-Ausschnitte, halsferne und große Ausschnitte sowie lange Ketten stehen
Ihnen und Ihrem Hals gut.

Schultern

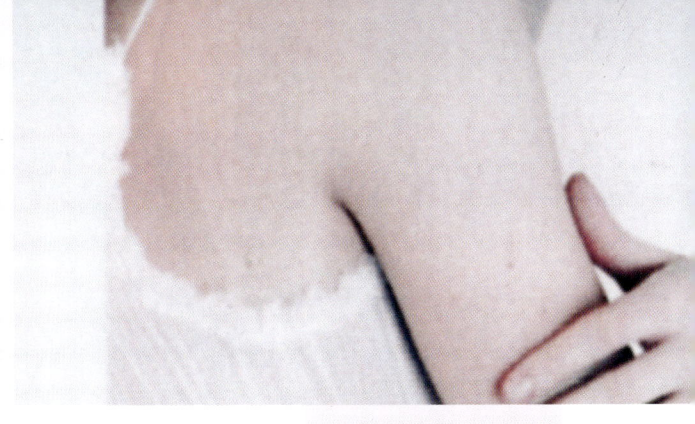

Die Schulterlinie prägt maßgeblich die gesamte Körper- und Kleidersilhouette. In den 90er Jahren des vorigen Jahrhunderts signalisierten emanzipierte Frauen ihren Wunsch nach Gleichberechtigung, indem sie die Schulterform des Mannes modisch interpretierten und ihre Schultern mit Hilfe von Kleidung künstlich verbreiterten. Heute lässt man verspielte Trägertops verführerisch von wieder weichen, zerbrechlichen Schultern rutschen.

Schmale Schultern, abfallende Schultern

Sie wünschen sich Hüfte, Po und Oberschenkel gerne etwas schmaler, dafür die Schultern etwas breiter? Ihre Körpermaße können wir leider nicht ändern, aber optisch ausgleichen. Legen Sie Ihre Tücher zum Matrosenkragen. Das verbreitert optisch die Schulterlinie. Wenn Sie eine Vorliebe für Landhausmode und romantische Schnittdetails haben, verleihen auch Keulen- und Puffärmel der Schulter mehr Volumen. Genauso eingesetzte Ärmel, waagerechte geometrische Farbflächen an der Schulternaht, Schulterriegel, auffällige Muster und kräftig strukturierte Stoffe. Halsnahe Ausschnitte verlängern die Schulterlinie. Formpolster heben die Schulter und verleihen dem Oberkörper eine schöne Linie.

Und wenn Sie das alles nicht wollen, tragen Sie ein Kleid mit tiefem Rückendekolleté und zarten Trägern, die – wie zufällig – von den Schultern rutschen. Dieser Look macht die Schultern weder gerade noch breit, dafür aber gnadenlos verführerisch!

Breite Schultern

Im Berufsleben nicht eines der ungünstigsten Figurmerkmale: Ihre Schultern! Wenn Sie noch eins drauf setzen möchten, befolgen Sie unsere Vorschläge für schmale Schultern. Wenn Sie um Ausgleich bemüht sind, legen Sie Ihre Tücher und Schals schmal zusammen. Tragen Sie Raglan- und überschnittene Ärmel, weiche, ungepolsterte Pulli- und Jackenmodelle. Kleine, weiche Formpolster sind für die Formgebung mancher Modelle allerdings unentbehrlich. Dunkle, matte Farben, einfarbige und wenig strukturierte Stoffe lenken von der Schulterbreite ab.

Brust

„Neue Brüste" kosten heute – mancherorts – nicht mehr als ein Paar exklusive Schuhe. Weniger gesundheitsbedenklich investieren Sie in hochwertiges, Ihrer Brust angepasstes, Darunter. Die Bekleidung darüber sitzt und fällt besser. Je nach Geschmack können Sie mit raffiniert geschnittenen Kreationen Ihre Brüste optisch etwas verkleinern oder vergrößern. Ein „kleines" oder „großes" Dekolleté wählen. Sie entscheiden!

Kleine Brüste

Sie hätten gerne ein bisschen mehr? Ein leicht gepolstertes BH-Modell formt die Brust, ohne übertrieben zu wirken. Shirts, Blusen und Pullover in hellen und leuchtenden Farben, mit großzügigen Farbmustern und aus strukturierten und glänzenden Stoffen verleihen dem Oberkörper etwas Volumen. T-Shirts und Blusen lassen sich gut mit Jacken oder Westen kombinieren. Auch Wikkeleffekte und Drapierungen in Oberteilen sowie Twinsets und Pullover mit Bündchen sehen nach „mehr" aus. Stecken Sie die Bluse in den Hosen- oder Rockbund und ziehen Sie diese vorne und hinten wieder leicht heraus. Das macht eine schlanke Taille und mehr Busen. Wenn Sie keine Bluse zur Hand haben, dann knoten Sie sich eine aus einem Tuch. Siehe Bindetechniken: Tuch-Top

Unter einem Blazer oder einer Strickjacke erinnert die Tuchidee an eine elegante Seidenbluse, mit Jeans im Sommer an ein Strandtop.

Große Brüste

Brustimplantate sind für Sie kein Thema. Sie möchten eher von Ihrer Brustgröße ablenken? Dann sind alle halsfernen, längsgebundenen und asymmetrischen Schalideen wie für Sie gemacht. Säume und Knoten der Schals enden nicht direkt auf Brusthöhe, sondern immer tiefer. Dies gilt auch für kurzärmelige Oberteile. Eine optisch waagerechte Linie, die von Ärmelkante zu Ärmelkante über die Brust führt, lässt diese größer wirken. Kurze Ärmel enden am vorteilhaftesten unterhalb der breitesten Stelle des Oberarms. Einstecktücher, aufgesetzte Taschen, Motive und Schriftzüge auf Brusthöhe lenken die Aufmerksamkeit genau dorthin. Leicht taillierte Hemd- und Reverskragenblusen und lockere Oberteile tragen Sie farblich passend zu Hose und Rock. Zeigen Sie am Abend großes Dekolleté. Ideal sind Kleider mit einer eingearbeiteten Büste oder unterstützende Korsagen.

Investieren Sie in gut sitzende Büstenhalter und Miederwaren. Auch wenn Sie Ihre Konfektionsgröße kennen, messen Sie noch einmal Ihre Unterbrust- und Oberweite nach. Hilfreich hierfür ist ein spezielles Miederwaren-Maßband. Lassen Sie sich in einem Fachgeschäft ausmessen und beraten. Viele Frauen tragen nur aus Gewohnheit eine falsche BH-Größe!

So finden Sie das richtige Maß

Die Unterbrustweite wird waagerecht direkt unterhalb der Brust gemessen. Das Größenangebot reicht meist von 65 bis 115 cm. Größe 65 entspricht in den gängigen Maßtabellen einer Unterbrustweite von 63 bis 67 cm, Größe 70 von 68 bis 72 cm, Größe 75 von 73 bis 77 cm usw. Die Oberweite wird um die stärkste Stelle der Brust gemessen. Die Cup-Größe ergibt sich aus der Differenz zwischen Unterbrust- und Oberweite.

Miedergrößen für Büstenhalter und Einteiler

		Körbchengröße			
BH-Größe		Cup A	Cup B	Cup C	Cup D
	Unterbrustweite/cm	Oberweite/cm	Oberweite/cm	Oberweite/cm	Oberweite/cm
65	63 – 67	77 – 79	79 – 81	81 – 83	83 – 85
70	68 – 72	82 – 84	84 – 86	86 – 88	88 – 90
75	73 – 77	87 – 89	89 – 91	91 – 93	93 – 95
80	78 – 82	92 – 94	94 – 96	96 – 98	98 – 100
85	83 – 87	97 – 99	99 – 101	101 – 103	103 – 105
90	88 – 92	102 – 104	104 – 106	106 – 108	108 – 110
95	93 – 97	107 – 109	109 – 111	111 – 113	113 – 115
100	98 – 102	112 – 114	114 – 116	116 – 118	118 – 120
105	103 – 107		119 – 121	121 – 123	123 – 125
110	108 – 112		124 – 126	126 – 128	128 – 130
115	113 – 117		129 – 131	131 – 133	133 – 135
120	118 – 122		134 – 136	136 – 138	138 – 140

So passt Ihr BH richtig:

- Die Cups sollten die Brust glatt umschließen.
- Der BH darf weder am Dekolleté-Abschluss noch an Seiten- und Rückenteilen einschneiden.
- Steht der Steg zwischen den Cups ab und liegt nicht auf der Haut, ist er zu klein.

Quelle: BTE – Bundesverband des Deutschen Textileinzelhandels

Taille

Sie sind wieder in: Korsagen und Mieder. Dank innovativer Materialien und Verarbeitung bleibt den Liebhaberinnen dieser ausgefallenen Dessous heute Luftanhalten und in Ohnmacht fallen erspart. Da Sie ja wissen, wie das mit der „Eieruhrkontur" funktioniert, haben wir für diejenigen ein paar Vorschläge zusammengestellt, die weder an einer 39 Zentimeter schmalen Wespentaille, noch an einem Mieder interessiert sind:

Breite / kurze Taille

Ihre Schals gehören um den Hals oder die Schulter, nicht um die Taille. Dort haben Sie keinen Platz. Hüftröcke und Hosen mit kurzem Schritt und tief angesetztem Bund verlängern optisch den Rumpf. In geraden oder leicht antaillierten Jacken mit langen oder schmalen Revers werden Sie sich wohl fühlen. Alles, was am Rumpf eher senkrecht als waagerecht verläuft, wirkt optisch streckend. T-Shirts und Blusen tragen Sie am besten über dem Taillenbund. Gürtel sehen auf der Hüfte getragen gut aus, sie verschieben optisch die Taille nach unten. Kleider, ganz ohne oder mit tief angesetzter Taillennaht, wären ein Versuch wert.

Schmale / lange Taille

Sie haben Platz für Accessoires am Oberkörper. Ersetzen Sie einen Gürtel durch ein Tuch oder tragen Sie Korsagenoptiken in Oberteilen. Wenn Ihre Beine etwas kurz geraten sind, entscheiden Sie sich für kürzere Jacken- und Blazermodelle und Hosen mit hohem Taillenbund.

Hüfte & Po

Über 65 % meiner Kundinnen sind mit ihrer Figur um Hüfte und Gesäß unzufrieden. Anekdoten über kuriose Hüftpolster, Korsetts und Schönheitsideale vergangener Moden erheitern zwar, helfen aber leider nur wenig. Hoffentlich endet Ihre Diät nicht mit einem ausgezehrten Gesicht, einem Ihnen zu kleinen Busen und viel schlechter Laune – nur weil die Hosenform, die Sie nach Erreichen Ihres Traumgewichts kaufen wollten, immer noch nicht über Ihre Hüften passt. Sie können mit gesunder, ausgewogener Ernährung und Bewegung viel erreichen – sehr viel! Doch wir nehmen nicht immer dort ab oder zu, wo wir uns das wünschen.

Breite Hüfte / kräftiger Po

Der optische Ausgleich findet in der Schulterlinie statt. Dort tragen Sie auch am vorteilhaftesten Ihre Tücher. Bauen Sie Ihre Grundgarderobe auf leicht ausgestellte oder gerade verlaufende Rock- und Hosenschnitte auf. Tragen Sie längere Jacken. Sie haben eine gute Länge für Jacken und Pullover gewählt, wenn die breiteste Stelle der Hüfte bedeckt ist. Meistens ist das auf der Höhe der Pofalte. Jacke (Bluse, Weste, Pullover etc.) und Hose (Rock oder Kleid) in einer Farbe und aus einem Stoff lenken von der Hüftbreite ab. Wo keine Farb- und Stoff-

kontraste sichtbar sind, schaut man nicht hin! Versuchen Sie nicht, Ihre Hüfte durch weit ausgestellte Röcke oder Hosen und weite Kleidung zu verstecken. Eine körpernahe Linie, welche Ihre Figur weich umspielt, ohne abzuzeichnen, wirkt überzeugender. Wenn Sie Ihren Po zeigen möchten, vergessen Sie den Tipp mit langen Jacken! Tragen Sie kurze, taillierte und am Saum leicht ausgestellte Jacken. Mit einer schlanken Taille und breiten Hüften können Sie Ihre weiblichen Rundungen mit engen Kleidern feminin betonen. Achten Sie auf Sitz und Passform.

Schmale Hüften / flacher Po

Wünschen Sie sich mehr Volumen am Po? Falten Sie Schals und Tücher zum Band und dekorieren damit Hüfte und Po.

Hüfthosen mit tief angesetztem Sattel und aufgesetzten Taschen kreieren einen runderen Po. Das Gleiche gilt für zweiteilige Kombinationen, bei denen der Jackensaum auf Mitte des Pos endet. Halten Sie Ausschau nach strukturierten, schweren Wollstoffen, Jeans, gemusterten Hosen und Röcken.

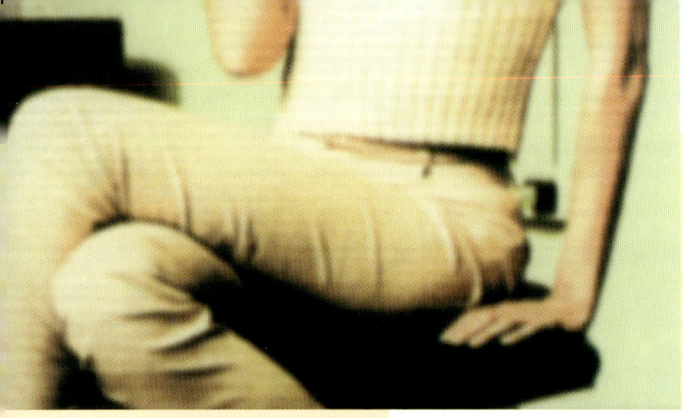

Beine

Im Gegensatz zu früheren Rockmoden, unter denen die Beine mitsamt der Knöchel völlig verschwanden, haben Sie heute die freie Wahl, wie viel Bein Sie zeigen. Unterschätzen Sie dabei nicht die erotische Ausstrahlung Ihrer Beine. Je mehr von ihnen sichtbar wird, umso leichter ist es, sich die Stelle vorzustellen, an der sie zusammentreffen. Sie entscheiden!

Kurze Beine

Folgende Empfehlungen sind Ihnen sicher schon längst vertraut: Schuhe und Strümpfe in der Farbe von Rock- oder Hosensaum verlängern das Bein. Wenn das nicht geht, tragen Sie einen dunklen Schuh und stimmen den Strumpf farblich etwas heller ab. Bei schlanken Beinen wirken kürzere Röcke und Kleider überzeugend. Schuhe

mit Absätzen und Hosen ohne Aufschläge strecken das Bein. Zu hohe Schuhe verlängern zwar optisch das Bein, lassen Sie aber nicht souverän wirken.

Schwere Beine

Wenn Sie sich in Hosen wohler fühlen, quälen Sie sich nicht mit immer neuen Versuchen, Röcke zu tragen. Tragen Sie Hosen! Lange Röcke und Kleider, bis knapp über die Fußknöchel, stellen eine modische Alternative dar. Wenn Sie nicht sehr groß sind, vermeiden Sie unterschiedliche Farben in Rock und Oberteil. Wenn Sie sich für einen „Ladymini" (3 – 4 Finger breit oberhalb des Knies, Kniescheibe frei) entscheiden, dann stimmen Sie Rock, Strumpfhose und Schuhe farblich aufeinander ab. Am schönsten in gedeckten, dunklen Farben.

Lange Beine

Helle, glänzende und gemusterte Strumpfwaren kommen an Ihren Beinen schön zur Geltung. Vorausgesetzt, Sie ziehen sie nicht zu einer geschäftlichen Veranstaltung an, bei welcher Sie und nicht Ihre Beine im Mittelpunkt stehen wollen. Mit schlanken Waden sehen kniebedeckte und längere Rocksäume alles andere als „altbacken" aus. Ausgefallene Schuhmodelle – farblich auf Strumpf und Schuhe abgestimmt – bringen frischen Wind in Ihren Kleiderschrank.

Liebste Heike,

ich sitze am Rheinufer und schreibe für dich meine Gedanken auf – das Heft auf den Oberschenkeln (doch für etwas gut), neben mir das Fahrrad (Applaus, Applaus für mich). Es ist Sonntag und schwül, auch die Enten haben ein langsames Tempo.

„Bitte, ein Bällchen Stracciatella und ein Bällchen Malaga." Die wunderbar schlanke, ja dünne Eiscafé-Fee haucht: „Ohne Sahne?" Selbstbewusst sage ich heute: „Mit Sahne." Sie lächelt, sie lächelt immer. Ich glaube, wenn sie mich sieht, denkt sie an ihre italienische Oma.

Nicht, dass die italienischen Omas jetzt etwas Verkehrtes denken, aber als ich noch „36" trug, sah ich in alten Filmen gerne die rundlichen italienischen Mamas, die liebevoll und energisch die ganze Familie an den vollen Busen drückten. Heute bin ich so eine Mama und Oma – nur nicht italienisch.

Das muss heute sein, Eis mit Sahne! – Belohnung für den gestrigen Frust. Ich habe Ausschau gehalten nach Herbst-Winter-Garderobe. In vier Wochen muss ich wieder vor einer Gruppe von Frauen bestehen und in einem Farb- und Stilseminar weitergeben, was ich weiß. Aber ich muss auch kritischen Blicken standhalten. Die Frau in mir will natürlich was Neues zum Anziehen, doch es war, wie so oft, ein Flop. Ich bin die „kleine Korpulente!" In den klangvollen Läden wie „Super Woman" und

„Frau mit Größe" oder „Frau mit Stärke" könnte ich Schreikrämpfe kriegen. Die Oberteile gehen mir bis zu den Knöcheln. Das passt stattlichen Frauen mit 180 cm. Dazu fehlen mir 20 cm. In diesen Hüllen ersaufe ich. Zum Glück gab es nebenan eine Buchhandlung und ich schenkte mir was für Geist und Seele, auf jeden Fall kein Diätbuch.

Zu Hause angekommen, öffnete ich zögernd meinen Kleiderschrank. Warum eigentlich? Ich weiß doch was drin ist. Es ist dunkel. Nein, nicht weil kein Licht brennt. Die Farben Schwarz und Blau dominieren.

Je älter ich werde, löst das Dunkelblau immer mehr mein vertrautes Schwarz ab. Damit fühle ich mich sicher und überzeugend. Mein Faible sind Tücher, Schals, Ketten und Ohrringe. Mit Schals lebe ich meine Lust auf Farben aus. Gerne trage ich auch die alte, silberne Spangenuhr vom Auktionshaus, die ich für 50 Euro ersteigerte und reparieren ließ. Dieses Stück ist einzigartig, nur ich habe diese Uhr. Schon lange habe ich mich entschieden, die Blicke meiner kritischen Betrachter erst gar nicht bis Bauch und Hüften wandern zu lassen. Liebste Heike, wenn du noch kein Geburtstagsgeschenk für mich hast, schau mal, ob du zu der blauen Kette noch die passenden Ohrringe findest oder vielleicht einen ferrariroten Seidenschal.

Deine Annelie

Bitte mit Sahne!

33

Schön rund

Rund

„In Ihrer Größe führen wir nix, da müssen Sie bei ‚Großen Größen' schauen!" Dieser Satz ist Ihnen vertraut. Sie haben es eben nicht so sehr in den Muskeln, eher auf den Hüften, am Bauch oder an den Armen. Wir wollen hier nicht übers Abnehmen reden, sondern Ihnen Tipps geben, damit Ihnen die Schokoladensahne ab und zu mal wieder richtig schmeckt.

Verleihen Sie sich Kontur mit gerader, wenn der Stoff es zulässt „körpernah" geschnittener Kleidung. Sie lesen richtig – körpernah! Damit meinen wir nicht enge, taillierte Kleidungsstücke, die Quetschfalten an Brust, Bauch und Po verursachen. Sondern eine durch Farbe, Schnitt und Stoff kreierte schlanke Linie, die den Körper umspielt und nicht dort zu weit ist, wo gar nichts ist. Die Herausforderung ist groß. Obwohl immer mehr Hersteller sich um „Große Größen" kümmern, werden viele unförmige

Kleidungsstücke angeboten. Außerdem scheinen runde Frauen gezwungenermaßen zum Verspielten zu neigen. Aufgestickte Teddys, romantische Applikationen oder superweite, steife Leinenzelte sind zu oft im Angebot.

■ Kaufen Sie in all Ihren Lieblingsfarben Tücher und Schals. Am besten passend zu jedem Kleidungsstück. Streckende Schals und schlank zusammengelegte Tücher lenken etwas von der Körperfülle ab.

■ Tragen Sie nicht zu weite oder formlose Kleidung.

■ Leichte Schulterpolster verleihen Ihnen Kontur.

■ Nehmen Sie sich Zeit, eine Grundgarderobe zusammenzustellen.

■ Wagen Sie sich an raffiniert geschnittene mehrteilige Outfits, plakative Dessins und Farben. Erlaubt ist, was gefällt. Wichtig ist der selbstkritische Blick in den Spiegel, denn die Proportionen müssen stimmen.

■ Weich fallende Stoffe, die weder die Körperkonturen abzeichnen noch zu steif sind, wirken überzeugend.

■ Gerade geschnittene Hosenmodelle mit Stretchanteil oder Hosen mit Elastikbund geben Bewegungsfreiheit.

■ Die Unterziehshirts und Blusen sollten so gut sitzen, dass die Jacke ausgezogen werden kann.

■ Lange und halblange Ärmel kaschieren geschickt stärkere Oberarme.

■ Sorgen Sie für das Passende darunter. Kaufen Sie gut sitzende Miederwaren. Kleine Wäschegeschäfte sind oft bereit, Größen zu bestellen, die nicht so gängig sind. Damit legen Sie den Grundstein für eine gute Passform.

■ Wählen Sie Schuhformen, die ohne plump zu wirken, zu Gewicht und Körpergröße passen. Spitze, zierliche Schuhformen, aus denen der Fuß quillt, sind nicht nur unbequem, sie passen nicht zur Körperfülle.

■ Sie finden einfach nicht das Richtige in den Geschäften? Lassen Sie sich etwas nähen. Da Maßschneiderei sehr teuer ist, werden Sie fantasievoll. Haben Sie in der Familie jemanden, der näht? Eine Freundin? Überreden Sie eine zuverlässige Änderungsschneiderei, Ihnen Ihr Lieblingsstück nachzunähen. Wenn Sie zusammenrechnen, welche Summe Sie für geschmacklose Kombinationen, düstere Farbkombinationen und schlechte Verarbeitung schon ausgegeben haben, kann es gar nicht so teuer werden. Besuchen Sie einen Nähkurs.

■ Investieren Sie alle vier bis sechs Wochen in einen guten Haarschnitt. Wenn Sie in der Kleidung nicht ganz Ihren Kleidungsstil ausdrücken können, so aber ganz bestimmt in Frisur und Make-up.

Ich beschloss, mich in Form zu bringen. Die Form, die ich wählte, war rund.

(Roseanne)

35

Ihr persönliches Kleid

Finden Sie Ihr persönliches Kleid

Sie entscheiden

Stellen Sie sich vor, Sie könnten aus Ihrem Kleiderschrank nur ein Outfit oder Accessoire auswählen, das Sie ab sofort immer tragen müssten. Für welches würden Sie sich entscheiden: Für das Teuerste? Das Neueste? Das Bunteste? Oder das Persönlichste, das wortlos ein kleines Stück Ihrer Lebensphilosophie verrät?

Für jeden Anlass und jede Stimmung gibt es heute unzählige Mode- und Stilmöglichkeiten, die – mehr oder weniger – unkonventionell kombiniert werden können. Eine überwältigende Menge an Farben, Stoffen, Schnittführungen und Details signalisieren, mit wem wir es zu tun haben und wie wir selber gerne gesehen werden. Alles scheint möglich und erlaubt. In Film und Werbung schlüpfen Schauspielerinnen in immer neue Rollen. Die besten Kritiken bekommen sie oft dann, wenn sie – dank Maske und hervorragender schauspielerischer Leistung – einen Charakter verkörpern, den man ihnen bisher nicht zugetraut hätte. Doch wie sieht es hinter dem Rampenlicht, ohne perfekte Inszenierung aus?

Alles, was wir tragen, sollte vor allem von innen passen und mit unseren Lebensgewohnheiten, Interessen und Eigenschaften in Einklang stehen. Nur dann werden wir uns und andere auch von außen überzeugen. Das Angebot ist groß, zu groß, um immer zweifelsfrei das Richtige auszuwählen. Finden Sie Ihr persönliches Kleid, indem Sie sich auf Ihre Lebensweise und Vorlieben besinnen und bauen Sie darauf Ihre Garderobe auf.

Benötigen Sie zwei Meter romantische Transparenz, die immer wieder verführerisch von den Schultern rutscht, obwohl Sie bisher nur selbst gestrickte Winterschals trugen?

Bevorzugen Sie lieber sportliche und praktische Hals-wärmer oder originelle Farbtupfer, an die man sich noch lange erinnert?

Beginnen Sie die Suche nach Ihrem persönlichen Kleid mit einem ehrlichen Blick in den Kleiderschrank.

Welche Kleidungsstücke ziehen Sie wirklich gerne und regelmäßig an? In welchen fühlen Sie sich den ganzen Tag oder Abend wohl? Befragen Sie Ihre Familie und Freunde nach – für Sie typischen – Kleidungsstücken und Accessoires. Blättern Sie in Ihren Fotoalben und sammeln Sie persönliche Eindrücke:

■ Welche Frisur und Haarfarbe trugen Sie schon häufig und würden Sie – modisch aktualisiert – wieder tragen?

■ Welche Farbvorlieben begleiten Sie schon seit Ihrer frühen Kindheit?

■ Trugen Sie als junges Mädchen (freiwillig) lieber Hosen oder Kleider?

■ Welche vorherrschenden Stilrichtungen, in Kleidung und Accessoires, sind zu erkennen?

■ Wie gefallen Sie sich auf einem Foto am besten?
– In ausgelassener Feierstimmung?
– Sachlich und streng auf einem Bewerbungsfoto?
– Auf Urlaubsbildern in lockerer Strandkleidung?
– Beim Joggen, Segeln, Tennisspielen oder bei der Gartenarbeit?

Romantisch

Tragen Sie gerne Pastelltöne und bevorzugen Rosa?
Fließende, transparente Stoffe und feinste Spitze ziehen
Sie magisch an? Tragen Sie lieber Röcke statt Hosen?
Sind Ihre Haare eher lang oder lockig? Ein Prinzessinnenkostüm oder das eines romantischen Bauernmädchens
würde Ihnen gut stehen? Bezeichnen andere Sie als
lebhaft und übersprudelnd? Ziehen Sie einen Ausflug
aufs Land einem Café-Besuch in der Stadt vor?

Ähnlichkeiten zu Rapunzel und anderen Märchenprin-
zessinnen sind bei echten Romantikerinnen wie Ihnen
nicht ganz auszuschließen. Sie verkörpern das Feminine
und wirken immer jung. Bis auf kleine erotische Andeu-
tungen, besonders in der Abendmode, wirken Sie ein
wenig scheu und lassen die Bluse weitgehend zugeknöpft. Da Sie sehr detailverliebt sind, machen Ihnen
ein paar Knöpfchen mehr an der Bluse auch nichts aus.

Tücher und Schals
Luftige Chiffon-Schals,
hochwertige Seiden- und Nickitücher,
weiche, kostbare Wollschals.

Stoffe und Muster
Blumen, Blüten, Blätter, Ranken und Gräser,
dekorative Stickereien, Häkel-Optiken, Hohlsäume,
Lochstickereien, Spitzen, Bordüren und Applikationen.

Tuchideen
Weich drapiert, zu Schleifen gebunden, verwickelt,
gedreht und plissiert.

Farbvorlieben
Hell, weich und warm.

Stoffe
Fließend, weich, kostbar. Seide, Viskose, Organza und
Spitze, im Herbst darüber Mohair, Kaschmir, Angora und
Wolle. In dieser Kombination können Sie zarte Stoffe
fast das ganze Jahr über tragen. Kleidungsstücke aus
weichen Strick- und Jerseyqualitäten sollten in Ihrem
Kleiderschrank nicht fehlen. Hochwertige Mischungen
aus Natur- und Chemiefasern bieten eine zeitgemäße
Alternative zu reinen Naturfasern an.

Schnitte
Weich, figurumspielend, verspielte Detaillösungen.
Für Schößcheneffekte, Rüschen- und Bändchenblusen,
Volant- und Zipfelröcke lassen Sie gerne die praktische
Hose hängen. Im Sommer nehmen Sie „das persönliche
Kleid" wörtlich. In Wäschekleidern und Leibchen sehen
Sie zauberhaft aus.

Frisur und Make-up
Eine richtige Romantikerin bevorzugt eine weiche Hochsteckfrisur, die nie streng wirkt oder lockige Haare. Ein
zartes, pastellfarbenes Make-up rundet den Look ab.

Accessoires
Filigraner Goldschmuck, nostalgisch inspirierte
Schmuckstücke, flache Schuhe (mit Bändchen zum
Schnüren), Spangen oder Riemchen betonen die
zierliche, feminine Note Ihrer Stilpersönlichkeit.

Beruf
Wenn Ihr Beruf ein seriöses und sachliches Auftreten
erfordert, wählen Sie zu Ihrer klassischen Grundgarderobe nur ein romantisches Accessoire oder Kleidungsstück.

■ Achten Sie auf Sachlichkeit. Lassen Sie alles
Überflüssige weg.

■ Kombinieren Sie Ihre klassische Businessgarderobe
mit einem Fransentuch in Häkel-Optik oder einem
duftigen Chiffonschal.

■ Stecken Sie eine Ansteckblüte oder verspielte Brosche
an den Pulli oder das Revers einer Jacke.

■ Ersetzen Sie einen klassischen Blazer ab und zu
durch eine feminine Strickjacke oder ein Twinset.

■ Kombinieren Sie ein romantisches Blümchenkleid
zum Blazer (nicht zu formellen Anlässen).

41

Einmal romantisch sein ...

Sie sind zwar keine Romantikerin, möchten aber manchmal so wirken und gelegentlich einen „gläsernen Schuh" tragen?

Da schon Aschenbrödels Stiefschwestern leidvoll erfahren mussten, dass Zehen abhacken und reinquetschen nicht hilft, Hände weg von zuviel Frou-Frou und Chi-Chi. Einzelne Zutaten reichen aus:

■ Tragen Sie eine champagnerfarbene Romantikbluse mit üppigen Volants zu einem schlichten blauen Hosenanzug.

■ Handtasche und Schuhe sollten sachlich, aber feminin wirken.

Abend

Zu besonders festlichen Abendveranstaltungen oder zur eigenen Hochzeit können Sie Ihre romantischen Kleidkreationen und Accessoires ausgiebig ausleben. Tragen Sie zu festlichen Anlässen, wenn möglich, Kontaktlinsen, keine Brille – oder haben Sie in Märchen schon einmal eine romantische Prinzessin oder Fee mit Brille gesehen? Und vergessen Sie nicht den „gläsernen Schuh" (es reicht auch ein sehr festlicher Abendschuh). Probieren Sie ihn an: Er passt Ihnen bestimmt!

■ Schmücken Sie schlichte Kleider mit einem dekorativ bestickten Chiffonschal oder einer Samtschleife am Hals.

■ Auch Satinbänder, um Taille oder Hüfte, verleihen Kleidern einen femininen Look – trendy!

■ Anstelle einer allzu romantischen Rüschenbluse entscheiden Sie sich für ein miederähnliches Top oder Shirt aus Chiffon und Tüll.

■ Wickeln Sie ein nostalgisches Fransentuch um Taille und Hüfte.

■ Stecken Sie eine üppige Ansteckblüte an eine modische Woll- oder Lederjacke.

■ Kombinieren Sie das romantische Streublümchenkleid mit Jeansjacke und Turnschuhen.

Verführerisch

Tragen Sie gerne Rot? Schimmernder Satin- und Seidenglanz hat es Ihnen angetan? Zeigen Sie gerne viel Dekolleté und Bein? Ihre Haare sind lang, Ihre Fingernägel auch? Sie würden sich lieber als Marilyn Monroe, denn als Heidi verkleiden? Feminine, erotische Dessous ziehen Sie magisch an? Hat man Ihnen schon mal gesagt, Sie seien leidenschaftlich? Gehen Sie gerne abends groß aus?

Mit einem lieblichen und züchtigen Prinzessinnenkostüm kann man die Vorliebe für Ihre verführerischen Abendkleider wirklich nicht vergleichen. Auch die Dessous wählen Sie gewagter als eine Romantikerin.

Tücher und Schals

Hochwertige Seidentücher, transparente Georgette- und Chiffonschals (mindestens 1 x 2 m – lang genug für einen Schleiertanz), Kaschmirschals, Federboas, Pelzstolen.

Stoffe und Muster

Samt und Seide, opulente Muster, bestickt mit Pailletten, irisierende und changierende Stoffoberflächen, viel Gold dabei.

Tuchideen

Weich drapiert, plissiert, großzügig um Hals, Schultern oder Taille gelegt. Das Spiel mit den seidigen Verführern kann beginnen. Sie gleiten – bei verführerischen Absichten – über die Schultern, werden dort kunstvoll aufgefangen und wieder von Neuem drapiert.

Farben

Hell, leuchtend, intensiv.

Stoffe

Wie die Romantikerin bevorzugen Sie Samt und Seide.
Zu den kostbaren Stoffen gehören auch Georgette und
Organza. Die Stoffoberflächen dürfen glänzen und
glitzern.

Kleidungsschnitte

Auch wenn Sie tagsüber durchaus „zugeknöpft" gehen,
verstehen Sie es vorzüglich, Ihre Figur mit hellen glänzenden Farben, figurnahen Schnitten und exklusiven
Stoffen verführerisch zu betonen. Sie bevorzugen große
Dekolletés. Die modisch aktuellen Korsagen und Mieder-
tops kommen Ihnen da gerade recht. Ihren Beinen verleihen Sie mit kurzen oder hochgeschlitzten Röcken, Netz-
strümpfen und hohen Schuhen erotische Ausstrahlung.

Frisur und Make-up

Tragen Sie Make-up. Betonen Sie entweder die Lippen-
oder Augenpartie farbstark. Lange gelockte Haare,
in intensiver Farbe oder aufwändige Hochsteckfrisuren
sowie lange lackierte Fingernägel betonen einen
verführerischen Look.

Accessoires

Viel Schmuck, groß, opulent und glitzernd. Ihre Schuhe
sind immer hoch und Sie können sogar darauf laufen:
Riemchenpumps, High-Heels, Stiefel mit hohem Schaft.

Beruf

■ Schlichte, edle Kleidungsstücke versachlichen den
verführerischen Look.

■ Reduzieren Sie verführerische Details:
Knöpfen Sie die Bluse zu oder legen Sie ein Seidentuch
in den Blusenausschnitt.

■ Tragen Sie Netzstrümpfe unter einer langen Hose.
Kombiniert mit einem modischen Schuh, setzen Sie
subtilere, erotische Signale.

■ Legen Sie einen Pelzkragen um die Kostümjacke.

■ Bändigen Sie das Haar. Stecken Sie es hoch oder
binden Sie es am Hinterkopf weich zusammen.

■ Kombinieren Sie einen verführerischen, halbtransparen-
ten Chiffonrock zu einen Wollpulli und flachen Schuhen.

■ Tragen Sie leichte Düfte am Tag – schwere am Abend.

Abend

Ihre Abendgarderobe darf so erotisch und dramatisch sein wie ein großer Liebesroman. Für den Auftritt am Abend zelebrieren Sie Ihre Weiblichkeit und das nicht nur bei Größe 38!

■ Zeigen Sie Schultern, Dekolleté und viel Bein.

■ Eine Stola verleiht der Abendrobe Extravaganz.

■ Wenn Sie kräftige Arme haben, tragen Sie einen farblich passenden Schal oder eine Jacke zum Kleid. Ein Carmenausschnitt mit langen Ärmeln rückt das Dekolleté, nicht die Arme, in den Vordergrund.

■ Keine Farbe wirkt so erotisch und verheißungsvoll wie Rot. Investieren Sie unbedingt in die passenden Accessoires. Schuhe und Abendtasche sollten farblich abgestimmt werden.

■ Langer, hängender opulenter Ohrschmuck passt gut zu Hochsteckfrisuren und üppigen Langhaarfrisuren.

Einmal verführerisch sein...

Freundinnen beschreiben Sie eher als Kumpeltyp und schwärmen von Ihrem unaufdringlichen, lässigen Look. Genau diesen möchten Sie hin und wieder ablegen? Das Märchen vom Aschenbrödel hat uns gelehrt, dass selbst ein gebildeter, feinfühliger Prinz besser sehen als denken kann. Sie müssen weder auf eine Fee noch auf ein Wunder warten:

■ Tragen Sie ein tief ausgeschnittenes Oberteil und legen Sie einen zarten Chiffonschal um Hals und Schulter. Nur übertreiben Sie es weder mit der Tiefe des Dekolletés noch mit dem „Schleiertanz" – sonst wird Ihr Prinz beim Rendezvous noch nervöser.

■ Kombinieren Sie Ihren Kostümrock mit einem Trägertop und tragen Sie darüber eine hauchzarte Wickelbluse.

■ Ein Paillettenoberteil und hohe Schuhe verwandeln Ihren schlichten Alltags-Hosenanzug in ein Glanzstück.

■ Nehmen Sie sich Zeit für ein Make-up und eine gute Frisur. Wenn Ihnen die Übung fehlt, bitten Sie eine Freundin oder den Frisör um Hilfe.

■ Auch ein schöner Rücken kann verzücken und wirkt eher verhalten erotisch.

■ ... und dann wäre da noch der Schlitz im Kleid.

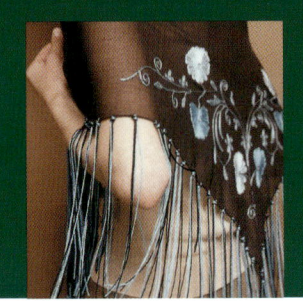

Ländlich

Sie lieben es etwas weniger feenhaft oder verführerisch? Sie suchen nach einem Kleidungsstil, der anders aussieht als Jeans und Pulli oder Blazer und Hose? Auf Modeneuheiten und High-Tech-Stoffe können Sie gut verzichten? Sie bleiben gerne vor Trachtenmodengeschäften stehen und haben nur noch nicht gewagt hineinzugehen?

Nur Mut – wenn Sie an Trachten- und Countrymode denken, muss nicht immer gleich ein Dirndl oder Reiterdress dabei herauskommen. Mit schlichten Schnitten, modernen Stoffen und Inspirationen aus aller Herren Länder, wird die klassische Trachtenmode neu interpretiert. Die angebotenen Mieder, Strickpullover, Bauernkleider und Bändchenblusen mit handwerklichen Stickereien wirken alles andere als bieder. Schotten-, Glencheck- oder Burberry-Karos, Bouclé- und Jacquardstoffe prägen diesen Stil ebenso wie Loden, Schurwolle, Baumwolle, Leder, Baumwoll-Spitze, Strick und Walk. Die moderne Umsetzung dieser Stilrichtung lässt Sie auf dem Land ebenso überzeugend wirken wie mitten in der Stadt.

Tücher und Schals
Trachtige Fransentücher und -schals, üppig um Schultern und Hüften geknotet, Nickitücher, Halsbänder, Wollschals und Ponchos passen zu einer ländlich inspirierten Mode.

Eiskalter Winter, raus aus dem Bett, Frühstück machen, anziehen. Was ziehe ich heute an? – Das Gleiche wie gestern, es kommt nicht so darauf an. Strapazierfähig, warm, leicht waschbar. Doch ich habe heute Lust auf ein bisschen Abwechslung. Ein Schal muss dazu. Schön bunt getupft ist er – aus leichter, flatternder Baumwolle. Ich sehe anders aus als sonst. Besser? – Eher ungewohnt. Gnadenlos springt der Uhrzeiger weiter von Minute zu Minute. Die Kinder toben und krakeelen durch das Haus. Gleich weint wieder einer. Das Telefon klingelt... Allmorgendliches Chaos.

Auf die Frage, was ich von Beruf bin, antworte ich oft leise schmunzelnd „Tausendfüßler". Denn so sieht mein Alltag aus. Tausend unerwartete Dinge werden gleichzeitig und parallel erledigt. So auch heute. Endlich verlassen wir das Haus - mein Dreijähriger soll in den Kindergarten. Ich fühle mich heute so anders mit dem Schal um den Hals. Aufrecht und stolz trage ich ihn zur Webschlaufe gebunden.

Im Kindergarten bleibe ich noch eine Weile in der Schneckengruppe meines Söhnchens. Für ihn bin ich noch die Beste und er will sich nicht von mir trennen. Deshalb spielen wir beide morgens noch einige Minuten zusammen. Nach diesem Ritual kann er mich ohne Tränen

ziehen lassen. Ein fünfjähriges, hellblondes, ziemlich kräftiges Mädchen setzt sich zu uns. Sie durchbohrt mich mit prüfendem Blick und fragt neugierig: „Hast du Halsweh?"

Erschreckt schaue ich auf, „Halsweh?" Noch vor wenigen Augenblicken fühlte ich mich doch ganz wunderbar und so anders. Beim Hinausgehen ziehe ich mir heimlich das Gebinde vom Hals. Den Eindruck von Halsweh will ich nicht erzeugen. Jetzt gefällt mir mein Schal gar nicht mehr an meinem Hals.

■ Fühlen Sie sich wohl, so wie Sie Ihr Tuch tragen? Bemerken Sie es nicht mehr? Dann ist es genau richtig!

■ Ziehen oder zuppeln Sie ständig an Ihrem Tuch herum? Tragen Sie es anders gebunden.

■ Die Farbe Ihres Tuches steht Ihnen, doch irgend etwas anderes stimmt nicht damit? Vielleicht passt das Material oder das Muster nicht zu Ihnen und Ihrem Kleidungsstil.

Gut betucht

Sportlich

Naturfarben und Blau gehören zu Ihren Lieblingskleiderfarben? Die Kleidungsstoffe müssen hochwertig, bequem und unempfindlich sein? Sie pflegen sich gerne, Ihr Make-up wirkt aber ungeschminkt? Wenn es der Anlass erfordert, verwandeln Sie Ihren schlicht und praktisch wirkenden Haarschnitt in eine aufregende Frisur? Verkleiden würden Sie sich als Rennfahrerin? Bezeichnen Sie andere als locker und lässig? Sie informieren sich über aktuelle Moden, lassen sich so schnell aber nicht begeistern? In Ihrer Freizeit bewegen Sie sich gerne an der frischen Luft und treiben viel Sport?

Immer in Bewegung. Ob Sie beruflich oder privat durch die Weltgeschichte reisen oder Haushalt, Beruf, Kinder und Freizeit managen. Sie lieben es ungezwungen, lässig aber nicht nachlässig. Ihre Mode muss Spaß machen und funktionell sein. Sie haben einen Hang zu klaren Linien und zurückhaltenden Farben. Die Vorteile der modernen High-Tech-Stoffe haben Sie schon längst für sich erkannt.

Tücher und Schals

Ihre Tücher und Schals müssen nicht nur bequem und funktionell sein, sie sollen auch immer locker aussehen. Schals sind Ihre Favoriten: dicke Strickschals im Winter, leichte, luftige Baumwollschals im Sommer.

Stoffe und Muster

Wolle, strapazierfähige Seide, Baumwolle und Filz. Unifarben, geometrische oder ethnische Muster.

Tuchideen

Schlaufen, einfache Knoten, Handy- und Survival-Pockets, Haarbänder, Gürtel, Krims-Krams-Beutel oder Schweißbänder – alles was locker aussieht.

Farben

Sachliche, gedeckte Farben dominieren. Die Farben der Natur und der Sportmode inspirieren Sie für Ihre Kleidung.

Stoffe

Wollmischungen, Baumwolle und Jeansstoffe vertreten diesen unaufdringlichen Look. Viel Wert legen Sie auf hochentwickelte Chemiefasern, die wasserabweisend, atmungsaktiv und klimaausgleichend sind – besonders für Ihre sportlichen Aktivitäten.

Kleidungsschnitte

Gerade, unkomplizierte, bequeme Schnitte – in Lagen übereinander gezogen – machen jede Bewegung mit. Funktionelle Details wie Reiß- und Klettverschlüsse, aufgesetzte Taschen – in die etwas reinpasst – Gummi- und Tunnelzüge oder Kapuzen sollten nicht fehlen. Sweater, Kapuzenshirts, Trainingsjacken, inspiriert von Renn- und Radsport, und Cargo-Hosen, aufwändig verarbeitet, gehören ebenso in den Kleiderschrank wie Ihre unverzichtbaren Jeans.

Frisur und Make-up

Auf komplizierte, pflegeintensive Frisuren verzichten Sie gerne. Das Gleiche gilt auch für farbenprächtige Make-ups. Das heißt aber nicht, dass Sie nicht gut aussehen wollen. Gönnen Sie Ihrem Haar einen guten Schnitt und verwenden Sie unaufdringliche, typgerechte Farben beim Schminken.

Accessoires

So sportlich wie Ihr Stil. Praktische Sporttaschen, Rucksäcke und Umhängetaschen mit viel Funktion. Ihr Schmuck ist schlicht im Design – strapazierfähig, unaufdringlich, aber nicht klein. Ihre Schuhe sind bequem und flach. Loafer und Sneaker zählen zu Ihren Favoriten.

Beruf

Wenn Ihr Beruf ein sachliches, seriöses und klassisches Auftreten erfordert:

◼ Legen Sie einen farbigen Seiden- oder Wollschal unter das Revers Ihres Blazers oder knoten Sie ein Seidentuch zum Top.

◼ Lassen Sie Jeans und Sportschuhe im Schrank.

◼ Ohne Jeans geht gar nichts? Kombinieren Sie eine hochwertige Bluse, einen Blazer und spitze Pumps dazu.

◼ Wählen Sie Aktentasche und Geldbörse aus Leder. Der funktionelle Rucksack bleibt zu Hause.

◼ Flache Schuhe wirken unter Hosen am vorteilhaftesten. Der klassische, kurze Rock verlangt nach ein paar Zentimetern Absatz.

◼ Gut geputztes Schuhwerk, farblich perfekt auf Rock oder Hose abgestimmt, gehört zu einem kompetenten und seriösen Auftritt dazu.

Abend

◼ Tragen Sie einen eleganten Seiden- oder Wollschal mit Fransen.

◼ Wenn Sie keine eleganten Kleider mögen, kombinieren Sie Hosen mit gerafften oder gesmokten Shirts. Sie erinnern ein wenig an Gymnastik-Tops, wirken aber femininer.

◼ Paillettentops, Tüll- und Spitzenoberteile verleihen sportlichen Hosen eine feminine Note.

◼ Wenn Sie keine kurzen Röcke tragen, wählen Sie lange Rockmodelle. Schlitze und ausgestellte Formen sorgen für genug Bewegungsfreiheit. Kombinieren Sie dazu Stiefel oder flache Schuhe.

◼ Das Make-up am Abend darf ruhig glänzen. Ein Lipgloss und glänzende Lidschattenfarben sind schnell aufgetragen.

◼ Ein festlicher Schuh muss nicht hoch sein. Entscheidend sind auch Schuhform und Material.

Praktisch

Haben Sie viel Grau im Schrank? Strapazierfähige und waschbeständige Baumwoll- und Wollstoffe gehören zu Ihren Favoriten? Ihre Fingernägel sind gepflegt, aber nicht gelackt? Die gute alte Nivea tut's auch? Sie entscheiden sich für einen unkomplizierten Haarschnitt oder tragen Ihr langes Haar ordentlich zusammengebunden? Ihre Freizeit verbringen Sie am liebsten an der frischen Luft? In Ihrem Schuhschrank befindet sich ausschließlich bequemes und funktionelles Schuhwerk? Ihr Interesse an Mode ist gering? Bezeichnen andere Sie als Familienmensch?

Modeinteressiert kann man Sie wirklich nicht nennen. Ihnen sind innere Werte eines Menschen wichtiger als Äußerlichkeiten. Sie achten darauf gepflegt und ordentlich auszusehen, um nicht unangenehm aufzufallen. Das war es dann aber schon. So oder so ähnlich lässt sich gut ein verregnetes Wochenende oder ein Arbeitstag zu Hause verbringen.

Tücher und Schals

Sie tragen Tücher und Schals aus rein praktischen Erwägungen heraus. Ein dicker Strickschal im Winter wärmt. Ein Seidentuch am Hals schützt vor Kälte oder lindert Halsschmerzen. Ein Kopftuch hält den Wind ab und die Frisur in Form. Ein Nickituch fürs Haar ersetzt ein Haargummi.

Urlaub – ziehen Sie sich praktisch, bequem, aber immer farbenfroh an. Nehmen Sie sich Zeit für sich – Sie werden sich wohler in Ihrer Haut fühlen.

Frisur und Make-up

Könnte es sein, dass Sie – aus praktischen Erwägungen heraus – Ihre langen Haare seit Jahren nur zum Pferdeschwanz zusammengebunden tragen? Das ist ein Zustand, weniger eine Frisur! Gönnen Sie Ihrem Haar regelmäßig einen guten Schnitt oder stecken Sie Ihr Haar mal anders hoch. Lassen Sie sich Wimpern und Augenbrauen typgerecht färben. Das hält vier bis sechs Wochen und lässt Ihre Augen strahlen.

Accessoires

Da Sie sich nicht soviel aus Kinkerlitzchen machen, wählen Sie zeitlosen, sachlichen und echten Schmuck, der unabhängig von Modetrends zu Ihnen und Ihrer Garderobe passt. Ihre Schuhe sind flach und bequem. Sie folgen den ergonomischen Gesetzen des Fußes.

Farben

Unauffällig, dunkel, gedeckt.

Stoffe

Strapazierfähige, unempfindliche, waschbare Stoffqualitäten. Wolle, Baumwolle, Viskose und Mischgewebe. Für Chemiefasern interessieren Sie sich nur dann, wenn sie nicht gereinigt werden müssen.

Kleidungsschnitte

Jeans oder Hosen mit Stretchkomfort, mit Sweatshirts oder T-Shirts kombiniert – herrlich praktisch und unkompliziert. Wenn Sie sich mal für ein Kleid entscheiden, dann für ein weites langes Modell aus Strick oder Leinen. Hauptsache, Sie verwechseln nicht praktisch und funktionell mit nachlässig. Ob in der Babypause, während eines verregneten Wochenendes zu Hause oder im

Beruf

Wenn Ihr Beruf ein sachliches, seriöses und klassisches Auftreten erfordert, tragen Sie keine Jeans.

■ Wählen Sie einen schlichten Hosenanzug oder eine farblich aufeinander abgestimmte Kombination aus strapazierfähigem Material. Tragen Sie abwechselnd eine sportliche Bluse, ein T-Shirt oder einen Rolli dazu.

■ Kombinieren Sie eine strapazierfähige Grundgarderobe in gedeckten Farben mit farbenfrohen Tüchern, Blusen und Pullovern.

■ Investieren Sie in die hochwertigste Qualität, die Ihr Budget zulässt. Da Sie eher sparsam einkaufen, werden Sie zu einem „Smart Shopper" (Schnäppchenjäger). Sparen Sie aber nicht am falschen Ende.

■ Leisten Sie sich eine klassische Hand- oder Akten-tasche und Geldbörse aus hochwertigem Leder, die farb-lich zu der kompletten Garderobe passt.

■ Kaufen Sie zwei Paar klassische, flache Hosenschuhe in Schwarz, Dunkelblau oder Natur. Wechseln Sie diese täglich und ziehen Sie abends einen Schuhspanner hinein.

■ Komplettieren Sie Ihre Business-Garderobe mit einem Mantel in einem neutralen Farbton, der zu allem passt.

Abend

Auch wenn Ihnen Mode und Schönmachen wirklich nicht wichtig sind und Freunde und Kollegen Sie für Ihre inneren Werte loben, bleiben Sie abends keine graue Maus. Männer wissen das zu schätzen.

■ Legen Sie ein farbiges Seidentuch oder einen modi-schen Schal um Hals oder Schultern und stimmen Sie die Farbe Ihres Lippenstiftes darauf ab.

■ Wenn Sie die gewünschte Frisur nicht selber hin-kriegen, bitten Sie eine Freundin um Hilfe.

■ Tragen Sie ein flaches, aber ausgefallenes Schuh-modell – trauen Sie sich!

■ Wenn Ihnen der Mut zu auffallenden Farben noch fehlt, wählen Sie Schwarz, aber in glänzenden und bewegten Stoffoberflächen.

Klassisch

Tragen Sie gerne Schwarz, Blau, Weiß, Beige?
In Ihrem Schrank hängen fast ausschließlich Klassiker ohne Verfallsdatum? Ihre Stoffe sind aus hochwertigen Naturmaterialien? Sie tragen seit langem den gleichen Haarschnitt? Ein klassisches Kostüm steht Ihnen vorzüglich? Bezeichnet man Sie als ausgeglichen, aber entschlossen? Sie sind für Städtereisen und Museumsbesuche zu begeistern?

Klassisch und elegant. So wünschen Sie sich Ihre Kleidung. Ganz ohne Verfallsdatum. Modische Novitäten reizen Sie kaum. Qualität ist Ihnen wichtiger als modische Aktualität. Ihre Kleidung lenkt nie von Ihrer Persönlichkeit ab und Sie fühlen sich zu jedem Anlass gut

angezogen. Ob Burberry-Jacke, Strickpullunder oder Tweedblazer, suchen Sie auch Ihre Freizeitmode bei den Klassikern. Lässige, weich geschnittene Blazer können genauso bequem wie dicke Strickpullis zu tragen sein. Eine sportliche Bluse steht Ihnen in der Freizeit besser als ein kragenloses Sweatshirt.

Tücher und Schals

Bandanas, Hermès-Tücher, Kaschmirschals, Pashminas. Alles Klassiker, die sich nur wenig in Farbe und Muster modisch verändern. Tragen Sie die hochwertigsten Tuchqualitäten, die sich finden und bezahlen lassen (Seide, Tierhaare, Wolle). Man nimmt Ihnen das Seidentuch auch unter der Woche ab.

Tuchideen

Grace Kelly, Tuch- und Schal-Tops, Nickitücher um Handtaschengriffe.

Farben

Kühle Neutral- und Pastelltöne, klassisches Dunkelblau und Weiß. Sie vermeiden farbliche Extreme.

Stoffe

Edle, feingewebte Naturmaterialien: Baumwolle, Wolle, Kaschmir, Seide, Wollgemische, Viskose. Vorwiegend Uni-Qualitäten oder Mini-Muster.

Kleidungsschnitte

Ihre Kleidung ist körpernah geschnitten und passt perfekt. Die Proportionen sind harmonisch und ausgewogen aufeinander abgestimmt. Kostüme, Blusen, Hosenanzüge, Twinsets, Trenchcoats. Alles Klassiker, die es schon lange gibt und immer wieder neu interpretiert werden.

Frisur und Make-up

Alles sitzt perfekt. Dies gilt für eine klassische Hochsteckfrisur oder einen Haarschnitt genauso wie für Ihr Make-up.

Accessoires

Wählen Sie Echtschmuck: Perlen, Gold, Diamanten oder Halbedelsteine. Weißgold, Silber, Titan oder Platin stehen besonders aschblonden Frauen mit kühlem Hautunterton. Entweder echt oder gar nicht. Schuhe und Taschen runden Ihr Outfit ab. Schlicht, elegant, ohne viel dekoratives Zubehör.

Beruf

Der klassische Typ macht Mode nur mit, wenn sie gut ist. Er vereinigt die Einfachheit und Strenge mit dem Femininen, Zierlichen. Wohl deshalb verkörpert diese Stilrichtung die klassisch-elegante Businessgarderobe.

▨ Ein Seidentuch oder feiner Wollschal komplettiert ein klassisches Kostüm perfekt.

▨ Die Verarbeitung der Kleidungsstücke ist genauso hochwertig wie das Material, aus dem sie gefertigt werden.

▨ Strümpfe und Schuhe ergänzen Kostüm oder Hose perfekt, ohne im Mittelpunkt zu stehen.

▨ Wählen Sie die Accessoires genauso klassisch wie die Kleidung.

▨ Vergessen Sie nicht, für den Winter in einen guten Mantel zu investieren.

▨ Wenn nicht am Hals, so tragen Sie ein Seidentuch wenigstens um den Kopf, an Taille oder Tasche.

Abend

▨ Schlichte Schnitte, im Detail aufregend.

▨ Kostbare Stoffe, die ihren Glanz erst auf den zweiten Blick entfalten.

▨ Sie zeigen zwar Haut, aber nie zu viel.

▨ Klassischer Schmuck rundet Ihre Abendgarderobe ab.

▨ Schwarz ist und bleibt für Sie ein Abendklassiker und mogelt ein paar Pfunde weg.

▨ Mit Pailletten, üppigem Perlenschmuck und Gold wirken Sie glamourös. Vergessen Sie dann nicht die passende goldfarbene Tasche. Eine Kontrastfarbe wirkt zu hart.

Ach, was geht's mir pudelwohl
Heute ess ich keinen Kohl
Und keine Apfelsine, nein!
Kommt in meinen Mund hinein
Nicht grüne Bohne oder Reis
Wird heut auf meinem Ofen heiß
Heute leb ich nicht Diät
Wie man's sonst so manchmal tät
Kalorien – was ist das?
Heute macht das Essen Spaß!

„Wieso? Warum?", hör ich euch fragen.
Also, will ich es euch sagen:
Ich bin jung und hübsch und schön
Das kann ich im Spiegel sehn
Und zudem, hipp, hipp, hurra!
Ist wieder mal herum ein Jahr
Und ich bin nun kein Backfisch mehr
Und auch kein Twen, das freut mich sehr!
Der Jugend Ängste sind vorbei
Ob ich auch gut aussehend sei...

Natürlich bin ich das! Na klar
Das weiß ich – ich bin wunderbar!
Mein Gesicht strahlt voller Charme .
Ich hab braungebrannte Arm'
Meine Augen funkeln weise
Reif, natürlich, doch nicht greise!
Meine Beine sind ganz lange
Ob ich um meine Taille bange?
Nein, denn Taille hab ich nicht
Die Schönheit steht mehr im Gesicht!

Und weil ich heute vierzig bin
Hab einen Wandel ich im Sinn:
Nichts Kalorienarmes mehr!
Gebt mir die Schokolade her!
Lasst das Leben mich genießen
Mit dem Leckren, dem Süßen
Schokolade, früh und spät
Sei ab jetzt bei mir Diät!
Denn ab vierzig ist das Ziel:
Man tu und esse, was man will!

Gabi Keller

57

Puristisch

Weiß, Grau und Schwarz herrschen in Ihrem Kleiderschrank vor? Betont schlicht und schmucklos soll Ihre
Kleidung sein? Einfarbige Stoffe tragen Sie am liebsten?
Ihr Haar und Make-up sind perfekt-schlicht? Sachlichkeit
geht Ihnen über alles? Man trifft Sie öfter in Buchhand-
lungen und Büchereien als im Café?

Weglassen – das begeistert Sie am meisten. Was anderen nackt und trist erscheint, ist Ihnen gerade recht.
Von wegen Langeweile. Mit schlichten Teilen lassen
sich besonders reizvolle Spannungen im Outfit erzeugen.
Der Purismus ist aus der Mode nicht wegzudenken. Sie
kombinieren Ihre Basisgarderobe ohne viel Muster und
Farbkombinationen. Verzichten auf farbliche, stilistische

und modische Experimente. Modisch, aber nicht zu
extravagant. Passen Sie auf, dass Sie nicht zu unterkühlt
wirken. Der Kleidungsstil ist jeder Frau zu empfehlen,
die zeitlose, schlichte Kleidungstücke zum Kombinieren
sucht. Nur wer es gerne feminin mag, wird damit nicht
glücklich.

Tücher und Schals

Tragen Sie überhaupt Tücher? Das Beiwerk der Mode ist
bei Ihnen auf ein Minimum reduziert. Legen Sie einen
schlichten Schal einfach um den Hals – fertig: Da er
aus hochwertiger Seide, Kaschmir oder Wolle ist, hält
er, ohne zu verrutschen. Wenn doch – klauen Sie Ihrem
Liebsten eine schlichte Krawattenklammer. Einfarbige
Schals und Tücher werden Sie länger tragen als
gemusterte Stücke.

Farben

Dunkle, intensive, kühle Farben, Vorliebe für Schwarz.

Stoffe

So edel und anspruchsvoll wie die der Klassikerin, noch etwas schlichter in Farbgebung und Stoffstruktur.

Kleidungsschnitte

Schlicht, ohne dekoratives Zubehör. Gerade Kleidungsschnitte, ohne offensichtliche Detaillösungen, die auf einen modischen und somit schnell vergänglichen Trend hinweisen. Architektonische Linien.

Haare und Make-up

Ihr Gesicht wirkt ungeschminkt oder Sie akzentuieren entweder Augen oder Mund. Der Haarschnitt greift die klaren und grafischen Linien Ihrer Kleidung auf. Lange Haare werden schlicht zusammengebunden oder hochgesteckt.

Accessoires

Groß, schlicht und eindeutig. Silber, Weißgold, Platin, Titan, Chrom oder Edelstahl. Sie setzen Prioritäten und tragen nur einen Eyecatcher.

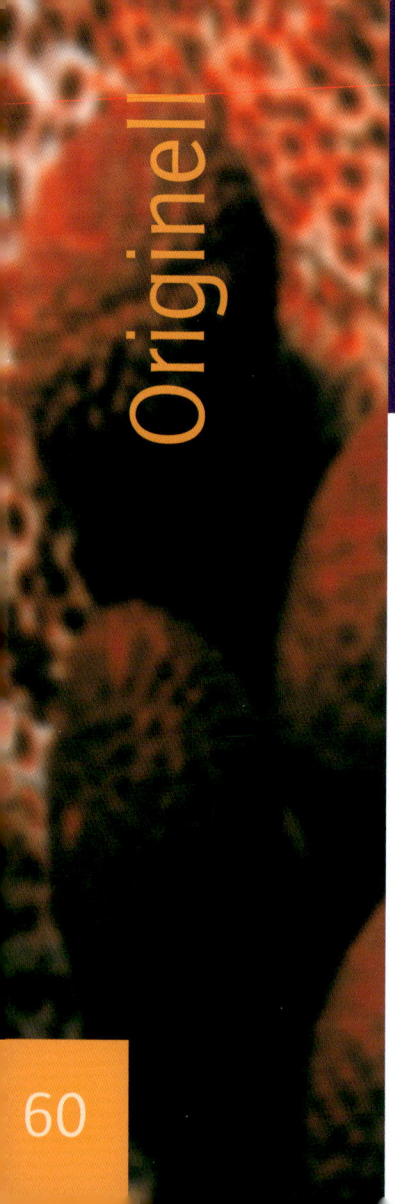

Hauptsache anders

Tragen Sie gerne Schwarz, Rot, Orange, Violett oder Silber? Kleidungsstücke ohne ausgefallenes Detail sind langweilig? Modeneuheiten ziehen Sie an? Wären Sie gerne Modedesignerin geworden? Sie tragen gerne ausgefallene Stoffkreationen? Sie neigen zu extravaganten, asymmetrischen Haarschnitten und -farben? Am Abend ein cooler Vamp, am Tag ein Clochard? Sie wirken sehr selbstbewusst und treten auch so auf?

Ob in der Designer-Boutique oder auf dem Flohmarkt, Sie finden immer ungewöhnliche Kombinationen. Wo andere aufhören, Farben, Muster und Stoffe zu mixen, fangen Sie erst an. Mode macht Ihnen Spaß und Sie lassen sich auf keinen Kleiderstil festlegen. It's all in the Mix! – lautet das Motto der aktuellen Mode. Das wissen Sie schon lange. Hauptsache originell, extravagant, manchmal ein bisschen dramatisch.

Tücher und Schals

Ob Filz, Seide, Wolle oder Samt. Anders als bei den anderen soll es aussehen. Mixen Sie Filz zu Netz oder Strick zu Leder. Funktionieren Sie Ihren Schal zum Gürtel um. Tragen Sie großzügige Tuch- und Schalgrößen. Kreieren Sie mit Tüchern Turbane und ganze Kleidkreationen.

Farben

Kontrastreich, intensiv und leuchtend.

Stoffe

Ausgefallen, aber nicht kitschig.

Kleidungsschnitte

Sie machen alles ein bisschen anders. Genauso gerne wie Sie Ihre Wohnung dekorieren und Möbel rücken, bevorzugen Sie ungewöhnliche Schnittführungen, Proportionen und witzige Detaillösungen. Selten sind Abnäher, Nahtführungen und Taschen Ihrer Kleidung an dem Platz, den man von klassischen Schnitten gewohnt ist.

Frisur und Make-up

Kühne Effekte in den Haaren und beim Make-up sowie asymmetrische Frisuren unterstreichen den Look. Betonen Sie bewusst markante Gesichtszüge, auch wenn die Proportionen – nach klassischem Schönheitsideal – eher einen Ausgleich vorsehen. Das ist oft die glaubwürdigste Ergänzung zu einem originellen Outfit.

Accessoires

Stöbern Sie auf Antik- und Flohmärkten nach alten Kostbarkeiten. Ihr Hang zu extravaganten Schuhen rundet den originellen Stil ab. Auch hier ist es der Absatz, die Schuhform, das Material oder die Farbe, die einfach besonders ausgefallen sind.

61

Knoten Sie dünne Samtbänder am Hals zu einer zierlichen Schleife.

Kombinieren Sie klare Linien in Anzügen und Kostümen, mit Witz und Überraschungen im Detail.

Maskuline Hosenanzüge, Gehröcke und gerade Herrenhosen kombinieren Sie mit gerüschten oder gesmokten Blusen.

Beruf

Wenn Sie im Beruf formelle Kleidung benötigen, verzichten Sie auf zu viel Originelles. Es ist oft sehr anstrengend, Menschen von Ihren beruflichen Fähigkeiten zu überzeugen, wenn Sie erst Ihr Outfit erklären müssen. Machen Sie sich Ihr Leben nicht unnötig schwer.

Wenn Sie keine klassische Businessgarderobe benötigen, tragen Sie unkonventionelle Gewänder, mehrlagige Kleider aus Jersey, Stretchstoffen und Strick. Sie wollen kein hübsches Kostüm, welches Sie ein paar Jahre begleitet oder Accessoires mit Tradition und berühmten Trägerinnen. Das heißt nicht, dass Sie sich nicht wie eine Dame kleiden könnten, nur es wird Ihnen auf Dauer zu langweilig. Was halten Sie vom Dandystil fürs Büro?

Zu einer sachlichen, weißen Hemdbluse mit großem Kragen und Manschetten, tragen Sie ein, zur Krawatte gebundenes, Tuch mit Paisleymuster.

Stark antaillierte Jacken, Samtaufputz, Miedereffekte und Korsagen passen gut zu strengen Nadel-, Kreidestreifen, Glencheck und Fischgrät.

Auch wenn Sie die Konfektionsgröße Ihrer Tochter tragen und immer jünger geschätzt werden, überlassen Sie Ihr den allzu coolen und jugendlichen Jeans-Look. Piercings, Tätowierungen, bauchnabelfreie Hängerchen oder Plateauabsätze machen das Gesicht nicht jünger. Tätowierungen und Strass zum Aufkleben und auswaschbare Haarfarben bieten sich für modische Experimente an – ganz ohne Nachspiel.

„Dekadenter Marquis"

Kaffee-Mandel-Mousse

Zutaten für 6 Portionen:
60 g dunkle Kuvertüre (geschmolzen)
4 Eidotter
125 g feiner Zucker
1 EL Honig
1 TL Instantkaffeepulver
2 TL Wasser
200 g weiße Schokolade (geschmolzen)
125 g Butter
170 ml Crème double
Schlagsahne zum Garnieren
Krokant:
80 g blanchierte Mandeln (geröstet)
125 g feiner Zucker
80 ml Wasser

Zubereitungszeit: 40 Minuten + 3 Stunden Gefrierzeit

1. Die geschmolzene dunkle Kuvertüre in einen kleinen Papierspritzbeutel füllen. Spiralförmige Muster in die Innenseiten von 6 Dessertgläsern spritzen und im Kühlschrank fest werden lassen.

2. Mit dem Handmixer die Eidotter mit Zucker, Honig und dem im Wasser angerührten Kaffee in einer kleinen Schüssel sehr dick aufschlagen. Die weiße Schokolade zusetzen und glatt rühren. In einer anderen Schüssel die Butter mit dem Handmixer schaumig schlagen. Eidottermischung unterschlagen und in eine mittelgroße Schüssel umfüllen.

3. Die Crème double halbsteif schlagen und mit einem Metalllöffel vorsichtig unter die Ei-Schoko-Mischung heben.

4. Für den Krokant: Ein Backblech mit Backpapier auslegen und eng mit den Mandeln belegen. Den Zucker mit Wasser in einen kleinen Topf geben, unter Rühren auf niedriger Stufe auflösen, dabei nicht kochen lassen. Den Topfrand mit Wasser einpinseln, aufkochen und herunterschalten. Nicht mehr rühren. Den Guss goldgelb einkochen lassen, von der Platte nehmen und gleichmäßig über die Mandeln gießen. Erstarren lassen, dann die eine Hälfte zum Verzieren in Stücke brechen, die andere zu feinen Krümeln zerhacken. Den fein gehackten Krokant unterziehen und die Mischung in die verzierten Dessertgläser füllen. Mit großen Krokantstücken, und nach Geschmack mit Schlagsahne, garniert servieren.

Quelle: www.theobroma-cacao.de

63

Wer braucht schon neue Küchenstühle?

Sie kennen ihn alle, diesen Morgen, an dem man mit dem linken Fuß zuerst aufsteht. Kein Wunder nach so einer Nacht. Mein Mann hatte – dank Schnupfennase – Bäume zersägt, meine kleine Tochter war durstig und konnte nicht mehr einschlafen. Ausgeschlafen wollte ich am nächsten Morgen an meinem Buch weiterschreiben. Unausgeschlafen wartete ich vergebens auf eine zündende Idee.

Also ab in die Stadt, das hatte bisher immer geholfen. Einen Einkaufsbummel, einen Cappuccino am Marktplatz, stöbern im Buchladen, ein paar Kleinigkeiten für die Quälgeister der Nacht. Doch nichts half – also wieder ab nach Hause.

Plötzlich drehte ich mich auf dem Absatz um, ich wollte Lust statt Frust. Ich wusste, es war gegen meine Vernunft. Geradewegs steuerte ich auf eine verführerische Auslage eines Geschäftes zu. Ich konnte nicht anders. Tür auf und rein. Hätte ich bloß, wie sonst, einen Bogen darum gemacht. Ziellos glitten meine Augen über die ausgestellten Waren. Aus einem übervollen Kleiderständer blitzte mir etwas Zimtfarbenes entgegen. Das Schicksal nahm seinen Lauf. Da hing ein zimtfarbenes Lederkostüm. Ein Traum! Hineingeschlüpft, es passte wie angegossen. Es war für mich gemacht. Der Preis verschlug mir den Atem. Nein, das konnte ich mir nicht leisten. Wieder einen Blick in den Spiegel. Ich sah einfach umwerfend aus. Da fiel mir unser Sonderkonto ein, das Konto für Besonderheiten. Das Geld für die Stühle, Stühle für unseren Esszimmertisch, dafür hatten wir schon etwas länger gespart. Ich wollte einfach nicht zur Vernunft kommen. Stühle ade! Sie lösten sich einfach in Luft auf. Verzeihung – in meinen zimtfarbenen Traum. Mein Gewissen klopfte, aber es klopfte zimtfarben. Zu Hause angekommen, noch einen Blick in den Spiegel. Tür auf und in das Arbeitszimmer meines Mannes. Oh Gott, dieser Blick! Was hatte der zu bedeuten? „Du siehst wunderbar aus", sagte er und warf einen Blick auf den Kassenzettel, den ich ihm schuldbewusst entgegenstreckte. „Die Stühle?" Ich nickte und sagte: „Nicht alle." Er gab mir einen Kuss und verschwand. Was hatte das nun zu bedeuten? Zwei Stunden später war er wieder da. Lachend klopfte er sich auf seinen Kopfschutz, einen aerodynamischen Fahrradhelm. „Das ist noch ein Stuhl", sagte er.

Unserer Tochter war es egal, sie kletterte sowieso lieber auf den alten Stühlen herum. Bei den neuen wäre das bestimmt verboten gewesen.

...damit das Geld doch noch für Küchenstühle reicht

■ Kaufen Sie nicht überstürzt ein.

■ Lassen Sie sich die Objekte der Begierde über Nacht zurückhängen.

■ Gehen Sie aus dem Laden und lenken Sie sich ab. Trinken Sie einen Kaffee oder Saft, rufen Sie Ihre Freundin an, die seit einer Woche auf Ihren Rückruf wartet.

■ Setzen Sie Prioritäten. Welche Kleidungsstücke oder Accessoires brauchen Sie notwendiger?

■ Passt die Farbe des Neukaufs zu Ihnen, Ihrer Figur und Ihrer vorhandenen Garderobe?

■ Haben Sie passende Strümpfe, Schuhe und Handtaschen dazu?

■ Wie fühlen Sie sich bei der Anprobe? Wollen Sie es anbehalten, täglich tragen und an der Kasse nur das Preisschild entfernen lassen? Kaufen Sie es!

■ Kratzt der Stoff, verschwenden Sie keinen Gedanken an mögliche Unterziehpullis oder Strumpfhosen. Kaufen Sie es nicht!

■ Knittert der Stoff leicht oder muss er gereinigt werden? Wenn Sie Knittern nicht ertragen können und kein Geld für die Reinigung ausgeben wollen, lassen Sie das schöne Stück hängen!

■ Eignet sich die Kleidung überhaupt für den geplanten Zweck? Ein Kaschmirmantel ist wunderschön, doch um im Wald spazieren zu gehen, brauchen Sie eher einen Wind- und Wettermantel.

Geschmacksache

Lege- und Bindetechniken für Tücher und Schals

Lässig um den Hals gelegt, rutschfrei drapiert oder kunstvoll geknotet: Geben Sie Ihren Tüchern und Schals die Form, die zu Ihnen passt. Dazu benötigen Sie kein Sammelsurium an Bindetechniken und Knoten, sondern eine gute Strategie, die für Sie richtigen zu finden.

Mit Hilfe der folgenden sieben Grundrezepte werden Sie entdecken, dass sich hinter vielen Tuchideen meist eine einfache, gemeinsame Grundidee verbirgt. Diese haben wir zusammengetragen und übersichtlich gegliedert:

Ungebunden Hier kommen Ihre Tücher auch ohne Knoten und Bindungen groß raus. Unterschiedliche Techniken des Zusammenlegens verleihen ein und derselben Tuchidee ein vollkommen anderes Aussehen. Für tucherprobte Leserinnen, die ihre Tücher und Schals einmal anders legen möchten, und für Tuchanfängerinnen, die sich nach schlichten und unkomplizierten Trageweisen sehnen.

(Ge)haltvoll Nicht nur mit klassischen Broschen oder Schalclips lassen sich Tücher und Schals dekorativ an der Kleidung befestigen. Versuchen Sie es mal mit Krawattenklammern, großen Ohrclips oder Haargummis. Irgendein (ge)haltvolles Accessoire haben Sie bestimmt zu Hause.

Haltbar Sie möchten Ihr Tuch oder Ihren Schal an der Kleidung befestigen und haben nur einen Wunsch: Es soll den ganzen Tag halten? Dann legen Sie schon einmal einen Ring und eine Sicherheitsnadel bereit. Frauen, die ihre Ringe nicht ausschließlich an den Fingern tragen möchten, werden hier auch fündig.

Verbindlich Mit einem halben oder einfachen Knoten kreieren Sie Tuchideen für jede Gelegenheit. Beginnend mit einem halben Überschlag, der dekorative Schals lässig in Szene setzt, folgt das Allroundtalent unter den Tuchknoten: Der einfache Knoten. Für ausgefallene Tuchkreationen und praktische Wegbegleiter brauchen Sie ihn dann gleich zweimal.

Alles von vorne Diese Anleitung ist Ihnen sicher vertraut: Legen Sie ein Tuch von hinten um Schultern und Rücken und knoten es vorne zusammen. Aufgepasst, für diese raffinierten Bindetechniken müssen Sie umdenken! Sie beginnen immer von vorne und legen die Tuch- oder Schalenden im zweiten Schritt nach hinten. Das weitere Vorgehen entnehmen Sie dann den Abbildungen und Erläuterungen. So geht es ganz leicht.

Anbändeln Wir geben es gerne zu: Die einfache Schlaufe ist nicht neu, dennoch ein herrlicher Klassiker für dicke Winterschals. Und das Schönste daran: Sie steht auch Männern ausgezeichnet. Für mehr Raffinesse sorgt die femininere Webschlaufe.

Verwickelt Elegant, verspielt oder sportlich: Durch Drehen und Wickeln der Tücher und Schals erzielen Sie spannende Stoffeffekte. Auch für Tücher und Schals geeignet, deren Muster und Farbigkeit Ihnen weniger gefallen. Durch das Verwickeln treten Farben und Muster in den Hintergrund.

Band

**Falten eines Vierecktuchs oder Schals
(mindestens 75 cm x 75 cm) zu einem Band.**

- Eingefasste und handroulierte Kanten, Bordüren oder Fransen kommen schön zur Geltung.
- Das Band behält seine ursprüngliche Länge und lässt sich in der Breite variieren.
- Schlicht um den Hals oder unter den Mantel- oder Blusenkragen gelegt, streckt die schmale Bandoptik kurze und kräftige Figuren.
- Füllt auch tiefe V-Ausschnitte.

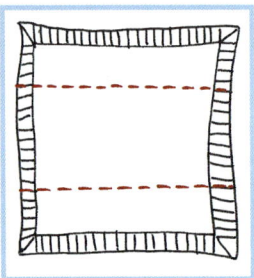
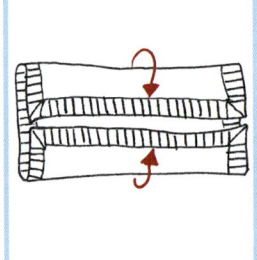
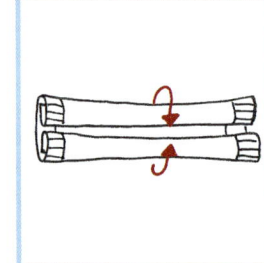
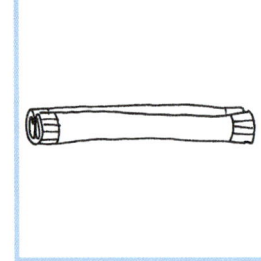

Halbes Band

Falten eines Vierecktuchs oder Schals
(mindestens 150 cm lang) zu einem Band.

- Der Stoff wird halbiert.
- Nimmt riesigen Tüchern und Schals Volumen und Länge.
- Füllt tiefe Mantel- und Blusenausschnitte.
- Für alle, die klare Linien bevorzugen.

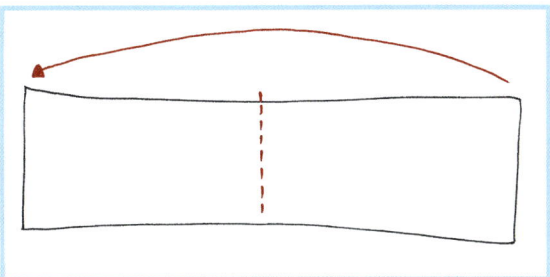
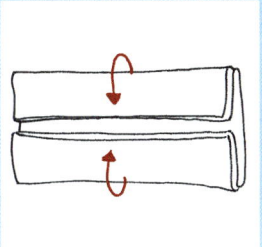
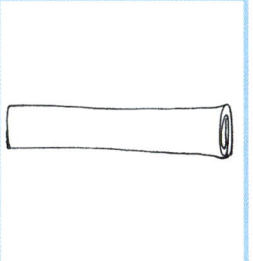

Krawatte

Falten eines viereckigen Tuchs zu einer Krawatte.

- Ein kleines Tuch ca. 45 cm x 45 cm bekommt mehr Länge und lässt sich variationsreicher binden.
- Ein großes Tuch wirkt weniger voluminös.
- Kanten werden – bis auf die Spitzen – verdeckt.
- An sehr großen Frauen sehen sehr kleine Tücher besser an der Handtasche oder an dem Handgelenk aus. Im Verhältnis zum Körper wirken sie am Hals wenig aussagekräftig.

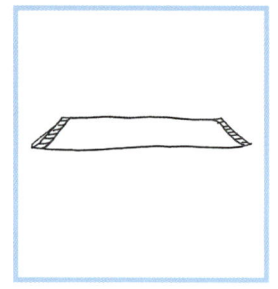

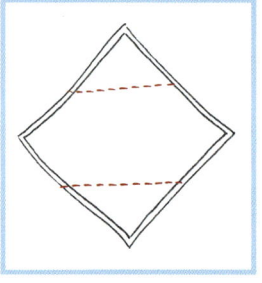

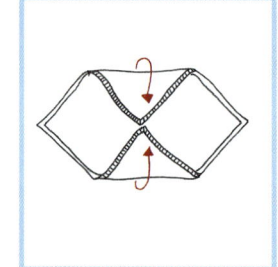

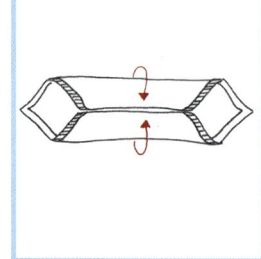

Matrosenkragen

Falten eines Vierecktuchs oder Schals zum Matrosenkragen.

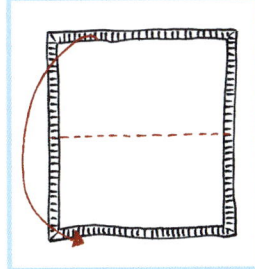 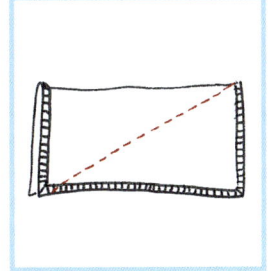 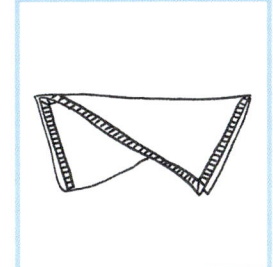

- Für alle, denen ein dreieckiges Tuch zu wenig ist.
- Auch, wenn Sie die Enden verknoten, darf sich der Matrosenkragen ruhig um den Hals drehen. Er sieht von allen Seiten gut aus.
- Dekoriert schlichte Pulloverausschnitte und Rollkragenpullover.
- Aus einem Nickituch gelegt, passt er weniger auf, sondern in einen Blusenkragen.

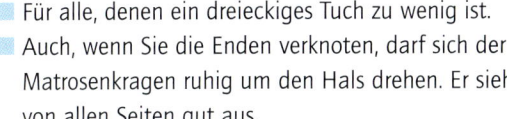

Ziehharmonika

**Falten eines Vierecktuchs oder Einstecktuchs
zu einer Ziehharmonika (plisseeähnlich).**

- Klassische Seidentücher wirken elegant, transparente Chiffons und Spitzenstoffe romantisch.
- Bordüren und eingefasste oder handroulierte Kanten kommen schön zur Geltung.
- Die Falten kreieren, an Schulter und Brust, optisch Volumen und lenken den Blick dort hin. Besonders für Figuren mit schmalen Schultern und breiten Hüften geeignet.
- Zum Fixieren der Falten legen Sie ein Baumwolltuch über das gefaltete Seidentuch und bügeln darüber. Nicht zu heiß und nicht direkt auf der Seide bügeln.

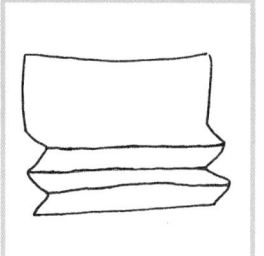

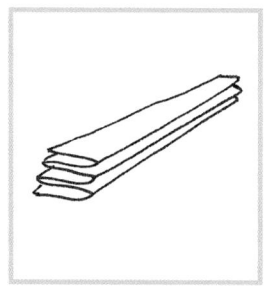

Einstecktuch

Falten eines Einsteck- oder Taschentuchs zu einer Ziehharmonika.

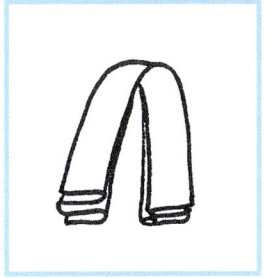 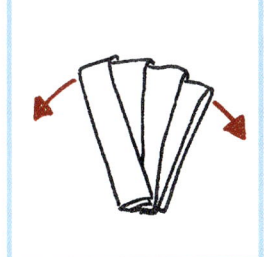

- Legen Sie ein kleines Tuch ziehharmonikaartig zusammen und falten es in der Mitte. Halten Sie beide Enden in einer Hand und zupfen mit der anderen die gelegten Falten auseinander. Stecken Sie das Tuch in die Brusttasche Ihrer Jacke.
- Ein klassisch-eleganter Farbtupfer für Sie und Ihren Liebsten.
- In der klassischen Herrenmode gilt noch heute: Wählen Sie für Einstecktuch und Krawatte unterschiedliche Farben oder Muster. Der genau gleiche Stoff erinnert eher an einen preiswert erworbenen Zweierpack.

Langer Schal & Deko-Knoten

Deko-Knoten beschweren den Stoff. Die Enden fliegen nicht auf.

- Die Knoten sollten leicht asymmetrisch und nicht direkt auf Brusthöhe sitzen: einer in Achselhöhe, der andere in Taillennähe.
- Wie viele Knoten Sie in ein Schalende legen, ist reine Geschmacksache. Ihrer Kreativität sind keine Grenzen gesetzt.
- Schals, knotenlos und lang, um Hals und Schultern gelegt, strecken einen kurzen und fülligen Oberkörper.
- Am besten halten Wollschals auf rauen und groben Stoffoberflächen.
- Ein großes, zum Band zusammengelegtes Tuch erfüllt den gleichen Zweck.

Tuch-Top

Falten eines großen Seidentuchs ca. 110 cm x 110 cm zu einem Dreieck oder einer Krawatte.

- Legen Sie ein großes Tuch zu einem Dreieck oder einer Krawatte zusammen und um die Schultern. Schieben Sie die Tuchenden über Kreuz in den Rock- oder Hosenbund.
- Ein Seidentuch, über Kreuz in Hosen- oder Rockbund gesteckt, ersetzt (unter einer Jacke getragen) optisch ein kleines Oberteil.
- Bestens geeignet, um einen Schokoladenfleck auf der Bluse zu verstecken.
- Für Frauen ohne Figurprobleme.

Schal-Top & Gürtel

Legen Sie einen langen Schal um die Schultern und befestigen ihn mit einem Gürtel.

- Auch ein Schal, in Hosen- oder Rockbund gesteckt, ersetzt (unter einer Jacke getragen) optisch eine Bluse oder ein Shirt.
- Kombinieren Sie ein schlichtes Kleid mit einem farbenfrohen Schal und befestigen diesen mit einem Gürtel oder einer Gürtelkette. Sie können eine sehr lange Kette gut zu einem Gürtel umfunktionieren.
- Denken Sie daran: Ein Gürtel verkürzt optisch die Körperhöhe und betont die Figur dort, wo er sitzt.

Schulter-Schal

Legen Sie ein Tuch oder einen Schal zu einem Band oder einer Krawatte.

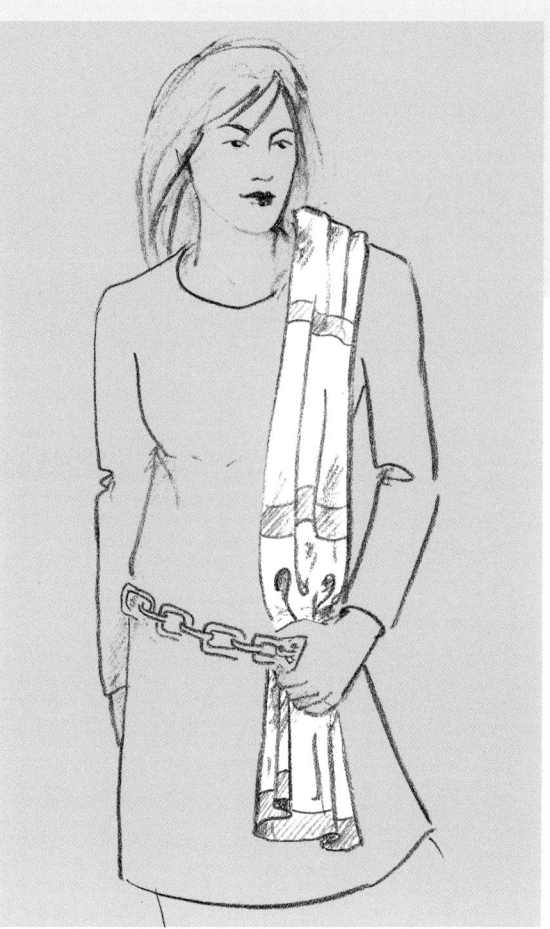

- Ohne Gürtel getragen, streckt der einseitige Schulterschal kurze Figuren und lenkt von übermäßiger Körperfülle ab.
- Sie können den Schal mit Hilfe eines Gürtels befestigen.
- Ein Wollschal hält weniger gut auf Glattleder oder glatten Stoffen. Er hält am besten auf strukturierten, etwas rauen Stoffoberflächen.
- Asymmetrie muss man mögen! Nichts für Bewegungsmenschen, bei denen alles fest sitzen muss.
- Um ein altes Abendkleid aufzupeppen, befestigen Sie den Schal mit zwei Heftstichen oder mit einer Brosche an der Schulternaht. Auch ein doppeltes Klebeband hält ein paar Stunden. Hut- oder Sicherheitsnadeln halten gut in Woll-, Lurex- und Filzstoffen. Aber Vorsicht: Zarte Seide verträgt keine Nadelstiche.

Pashmina, Stola, Poncho... wirken ohne viel Schnickschnack!

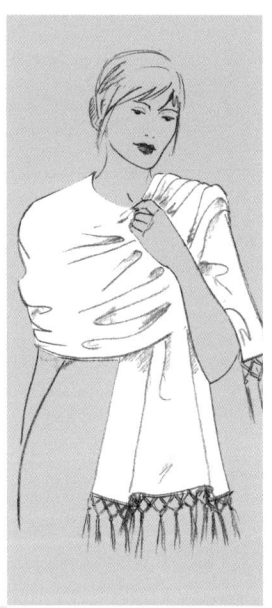

- Partytime! Zu festlichen Gelegenheiten verhelfen Ihnen Schals mit Gold- und Silberaufdruck, Lurex-, Pelzstolen oder Federboas zu einem glamourösen Auftritt.
- Verwandeln Sie Ihr Büro-Kostüm mit einem edlen Kaschmirschal in ein Cocktailoutfit. Auch Ihr altes Abendkleid wird kaum wiederzuerkennen sein.
- Suchen Sie nach einem funktionellen und wärmenden Accessoire für Jacke und Mantel oder nach einem sportlichen Mantelersatz? Die echten Ponchos mit Halsöffnung sind wieder da.

Lange Schals

- Für kleine Frauen gilt: Wenn der Schal sehr lang und breit ist, wird er beim Kleinerfalten zwar kürzer, aber noch voluminöser. Schenken Sie ihn einer großen Freundin.
- Für große Frauen gilt: Einmal oder zweimal rumschlingen, fertig!

Tücher & Accessoires

Auch in Ihrem Schmuckkästchen oder Badezimmerschrank finden sich sicher viele nützliche Accessoires, mit denen Sie Ihre Tücher und Schals befestigen können.

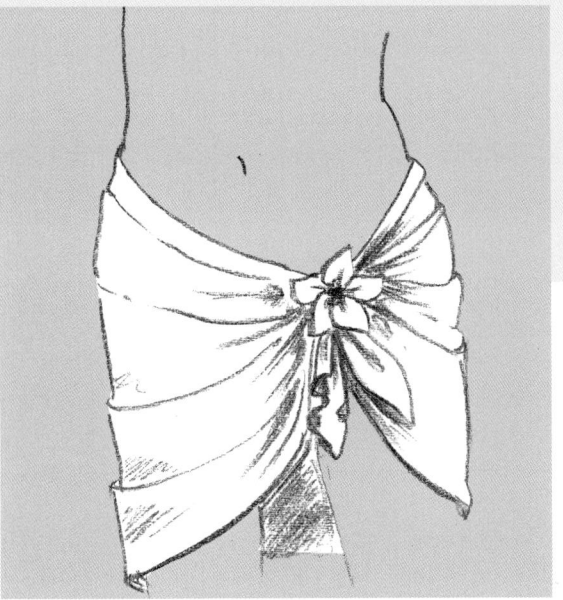

Um Ihren Seidentüchern an der Kleidung Halt zu geben, sollten Sie auf Broschen besser verzichten. Sie hinterlassen oft unschöne Löcher oder ziehen Fäden. Wählen Sie:

- Krawattenklammern
- Große Haarspangen (Papageienschnabel etc.)
- Große Ohrclips
- Schlichte oder dekorative Haargummis
- Große Schmuckringe
- Lange, schmale Haarklammern (fast unsichtbar)

Ansteckende Accessoires

Strapazierfähige Woll-, Netz-, Filz- oder Samtstoffe verzeihen einen Nadelstich schon eher.

Sie lassen sich mit
- Broschen
- Hutnadeln mit Verschluss (Gegenstecker)
- Ohrsteckern
- Sicherheitsnadeln

verbinden und an ihrer Kleidung befestigen.

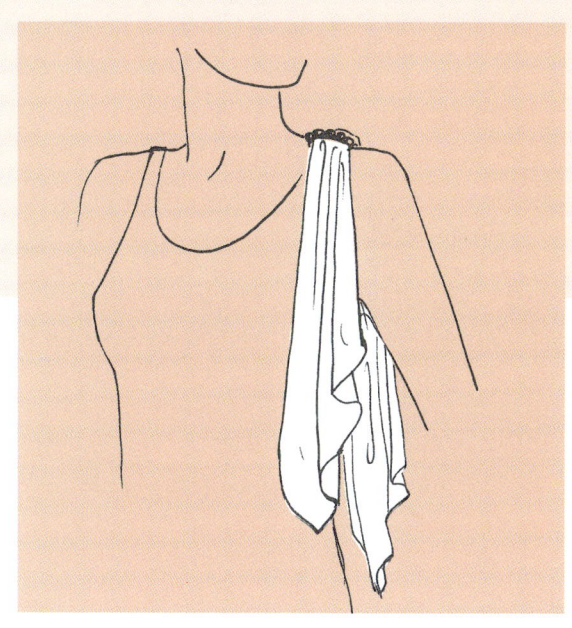

   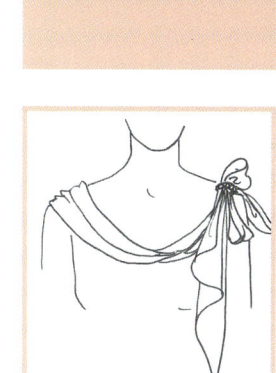

Ring & Sicherheitsnadel

Eine Sicherheitsnadel und einen Ring. Mehr benötigen Sie nicht, um Ihre Tücher und Schals an der Kleidung zu befestigen. Mal sichtbar, mal wie von Zauberhand...

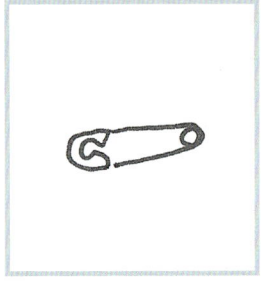

▓ Brauchen Sie noch Ihren Ehering? Spaß bei Seite! Nehmen Sie einen leichten Ring. Beide Tuchenden sollten hindurch passen.

▓ Durch die separate Sicherheitsnadel wird der Stoff der Kleidung – der es besser verträgt als ein Seidentuch – durchstochen, nicht das Tuch.

▓ Für Frauen, die es gerne perfekt haben, ohne dass etwas verrutscht und ständig korrigiert werden muss.

▓ Alle Ideen aus dem Kapitel „Ungebunden" können mit Ring & Sicherheitsnadel an der Kleidung befestigt werden.

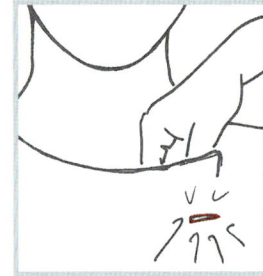

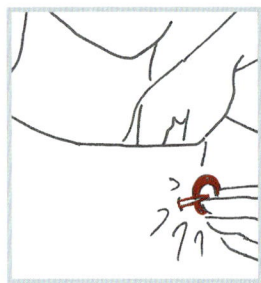

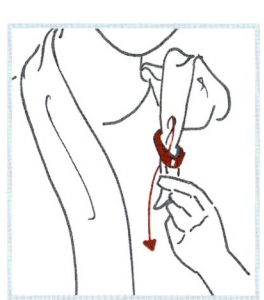

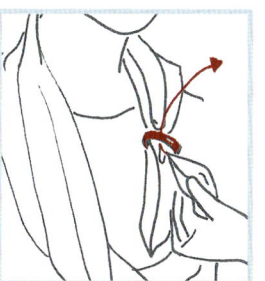

Wenn Sie das Tuchende nicht über die Schulter legen, sondern nach vorne fallen lassen, verstecken Sie den Ring und keiner errät so schnell die Technik dieser Tuchidee – raffiniert!

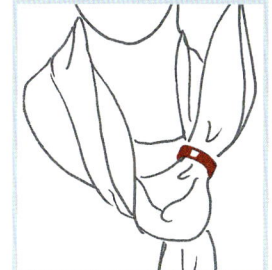

2 Ringe & 2 Sicherheitsnadeln

Ob sportlich, romantisch oder elegant – das kommt auf die Farbe und den Stoff des Tuchs oder Schals an.

■ Befestigen Sie jeweils rechts und links an der Schulternaht einen Ring. Ziehen Sie die Tuch- oder Schalenden von vorne nach hinten hindurch, die Enden fallen über die Schultern nach hinten auf den Rücken.
■ Verleiht Ihrem Tanz- oder Cocktailkleid einen neuen Look und hält mindestens eine durchtanzte Nacht.
■ Schmückt schlichte Sommerkleider ebenso wie kragenlose Ausschnitte.

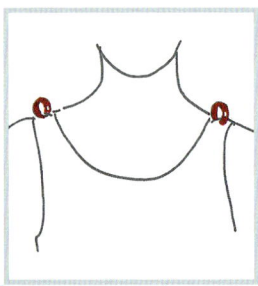
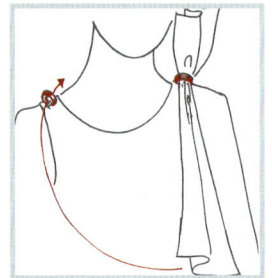
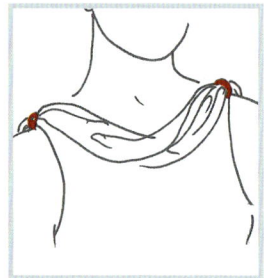

Ring-Ascot

Er passt hervorragend in den Ausschnitt einer Revers- oder Hemdkragenbluse.

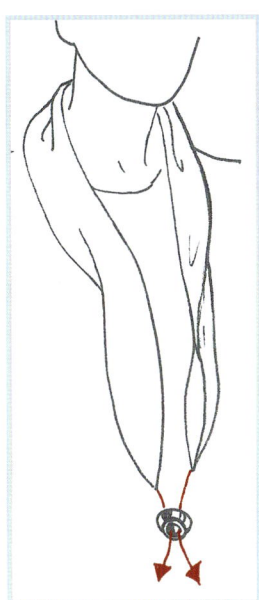

■ Fädeln Sie beide Tuchenden durch einen Ring oder ein Haargummi und schlagen ein Ende über den Ring nach vorne. Schon haben Sie einen Klassiker unter den Tuchknoten kreiert: den Ascot.

■ Sie können die Höhe des Rings oder Haargummis variieren und so entscheiden, ob Sie das Tuch halsnah oder halsfern tragen möchten.

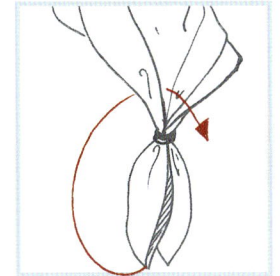 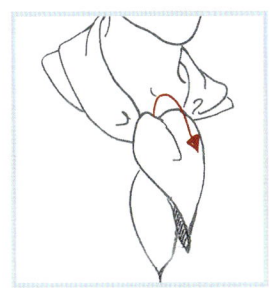

Hals–Reif

Diese Tuchidee ersetzt so manche Kette
und schmückt Ihr Dekolleté.

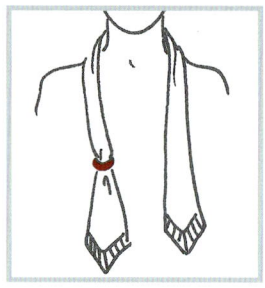 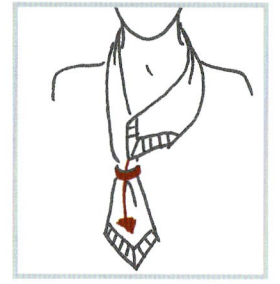 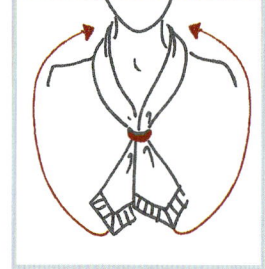

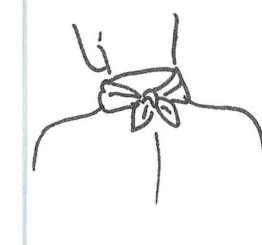

- Legen Sie ein Tuch oder Schal um Hals, Taille oder
  Hüfte und ziehen Sie beide Tuchenden durch einen
  dekorativen Ring. Verknoten Sie die Tuchenden hinten.
- Verstecken Sie den Knoten unter dem Tuch.

Hüft-Reif

Stimmen Sie Material, Farbe und Stil des Rings
auf Tuch und Kleidung ab.

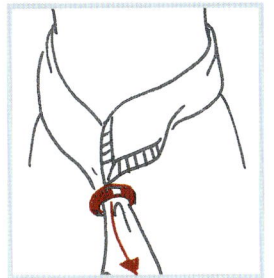 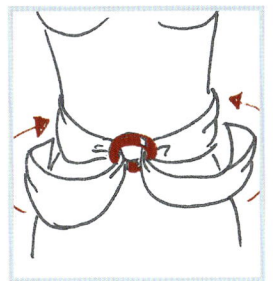

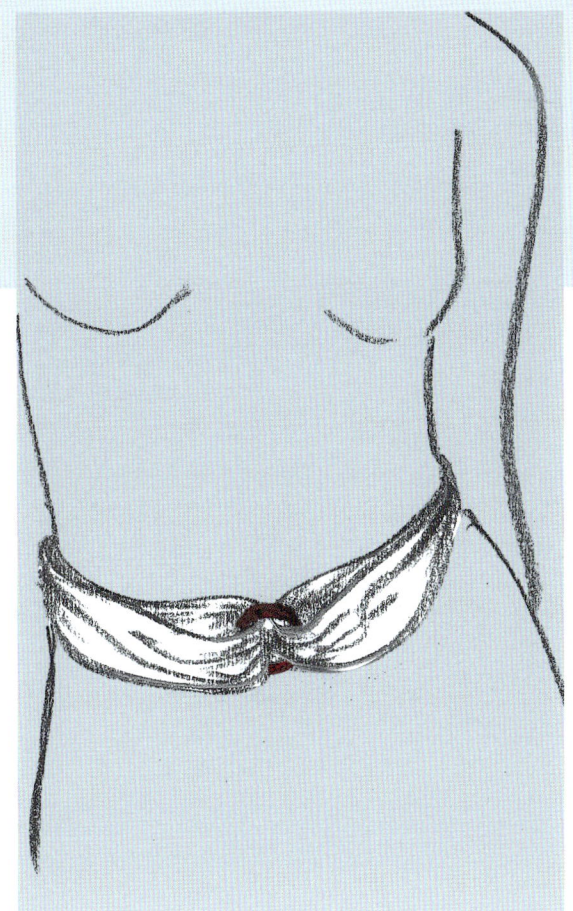

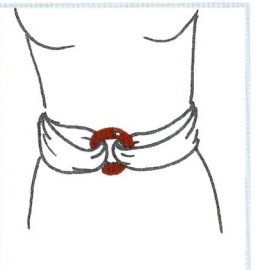

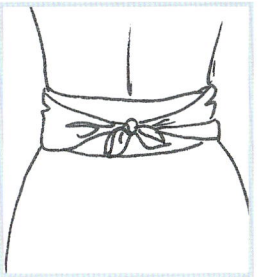

▦ Ihrer Kreativität sind keine Grenzen gesetzt: Diese
Tuchidee funktioniert auch mit farbigen Haarbändern
und -gummis, kleinen Gürtelschnallen und allem Runden, was Sie so finden und tragen möchten.
▦ Achten Sie, besonders bei Ringen, auf glatte Kanten,
damit Sie Ihrem Tuch keine Fäden ziehen.

89

Pompadour

**Wenn die Handtasche so gar nicht passen will,
wagen Sie mal eine andere Art von Tasche.**

▦ Legen Sie alle notwendigen Utensilien in die Mitte
  eines Tuchs und ziehen alle vier Tuchzipfel durch
  einen Ring.
▦ Sie können die Tuchenden auch mit einem dekorativen Haargummi umwickeln.
▦ Für alle, die gerne unkonventionelle Accessoires tragen.
▦ Zu formellen Anlässen weniger geeignet.
▦ Aus einem kleinen Nickituch gebunden, ersetzt es
  durchaus mal den Kosmetikbeutel und findet auch
  in der Tasche Platz.

Kleine Kinderschokoladenfinger

Plötzlich und unerwartet änderte sich mein Leben. Ich wurde bespuckt und besabbert. Nicht nur ich nahm einen leicht säuerlichen Geruch an, die ganze Wohnung roch im Laufe der Monate ebenso. „Speikinder sind Gedeihkinder", tröstete man mich wohlwollend. Ein Entrinnen gab es nicht. Täglich war es nun meine Aufgabe, mich um einen spuckenden, sichtbar wachsenden Säugling zu kümmern. Hochwertige, modische Kleidung schonte ich im Schrank für besondere Gelegenheiten. Es genügten wahrhaftig ein paar pflegeleichte Sweatshirts und Jeans, an denen man getrost ein paar klebrige Schokoladenfinger abwischen konnte.

Das Speikind wurde größer, ein zweites gesellte sich dazu, meine Sweatshirts waren nun ausgebeult und am Kragen weitgezerrt. Eine Halskette oder Ohrringe anzulegen, wäre glatter Selbstmord gewesen. Auch die Haare mussten fest zurückgesteckt werden oder besser abgeschnitten. In Kurzhaarfrisuren konnte man sich nicht so gut festkrallen.

Einen Lichtblick gab es. Der Besuch meiner sympathischen Nachbarin. Sehr gut sah sie aus. Wie aus dem Ei gepellt. Neben ihr fühlte ich mich allerdings wie Aschenputtel. Der Lippenstift passte perfekt zur Kleidung und sie trug fast immer ein Tuch – und das ständig anders gebunden. Ich fragte sie bewundernd nach der Bindetechnik. „Keine Ahnung" – gestand sie mir. Intuitiv hatte sie das Tücherbinden im Griff.

Dann kam ein ganz besonderer Tag in meinem Leben. In Eile, atemlos (wie immer) verließ ich das Haus. Mein Dreijähriger strampelte zielstre-

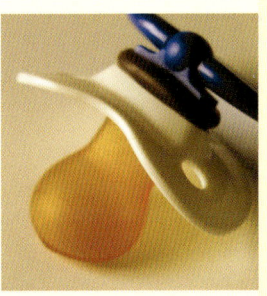

big mit dem Dreirad vornweg auf die befahrene Straße zu. Ich flitze mit dem Kinderwagen hinterher, ihn einzuholen und zu retten. Zum Glück stoppte eine andere Nachbarin unser todesmutiges Söhnchen und grüßte freundlich. Höflich wies sie mich sogleich darauf hin, dass ich mein Sweatshirt heute mit der linken Seite nach außen trug. Wahrhaftig, die Nähte und Pflegeschilder waren deutlich zu sehen. Wie peinlich!

In diesem Moment traf ich eine endgültige Entscheidung. Schluss damit. Nie mehr wollte ich wie Aschenputtel herumlaufen.

Mein nächster Weg führte in die Buchhandlung. Ich kaufte mir dort ein Buch, wie man Tücher bindet. Fortan würden die Leute mich nur noch um meine flott gebundenen Tücher bewundern – und den passenden Lippenstift gleich dazu!

Und so war es. Es war wirklich überraschend, wie viel positive Aufmerksamkeit so ein kleines Stück Stoff und ein wenig Farbe auf den Lippen erzielen konnte.

■ Ein raffiniert gebundenes Tuch ist ein Blickfang. Lenkt ab. Führt die Augen des Betrachters zum Gesicht.

■ Ein farbenprächtiges Tuch ist Lebensfreude pur.

■ Mit einem typgerecht gebundenen Tuch fühlt man sich gleich viel wohler und angezogen.

Halber Überschlag für große Tücher und Schals

Einen Knoten binden, das kann jeder. Auch wenn Sie behaupten, Sie hätten kein Händchen fürs Tücherbinden. Beginnen Sie mit der einfachsten Technik und schlagen Sie die Tuchenden einmal herum.

- Die einfachste und schlichteste Art, ein Tuch zu binden.
- Ein gefaltetes Tuch oder ein Schal, dicht am Hals gebunden, hält schon mit einem halben Überschlag. Wenn Sie dennoch befürchten, das Tuch zu verlieren, befestigen Sie es mit Accessoires.
- Halsnahe Knoten sind besonders für lange und schlanke Hälse empfehlenswert.
- Wenn eine Puristin überhaupt einen Schal oder ein Tuch trägt, dann ist der halbe Überschlag genau richtig.

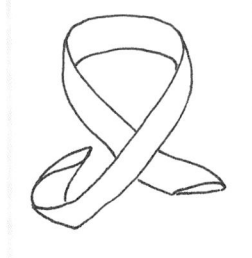
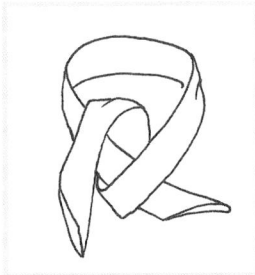

Auch aus der Herrenmode sind Schals kaum wegzudenken – was gibt es da Schöneres als eine einfache
Schlaufe für den Schal Ihres Liebsten? Genau, einen
halben Überschlag!

Die lässigste und sportlichste Art und Weise einen
dicken, flauschigen Schal zum Halten und Wärmen
zu bringen.

Halber Überschlag für kleine Tücher

Wie wäre es mit einem Farbtupfer an Ihrer Handtasche?

Da sich der halbe Knoten an kleinen Tüchern, um den Hals getragen, schnell löst, empfehlen wir das Tuch an einem anderen Ort: An einem Handtaschengriff oder Korbhenkel wirkt es ebenso schmückend wie am Handgelenk. Dort wäre ein Baumwolltuch nicht nur dekorativ, sondern ausgesprochen praktisch und könnte glatt ein Schweißband ersetzen. Doch tun Sie das bitte nicht Ihren kleinen Seidentüchern an.

 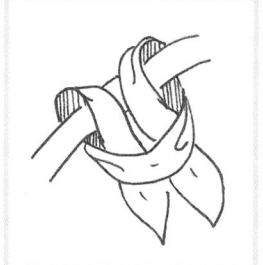

94

Einfacher Knoten

Jetzt kommt auch das Nickituch (Bandana) zum Einsatz.

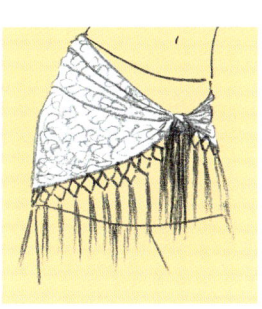

- Der Hals sollte nicht zu kurz sein.
- Halsfältchen werden geschickt kaschiert – Knutschflecken auch.
- Mit einem kleinen Tuch wirkt der einfache Knoten etwas mädchenhafter, mit einem großen Tuch erwachsener und mit einem Schal sportlicher.
- Er sieht auch an Taille und Hüfte gebunden gut aus.
- Der perfekte Knoten für einen Matrosenkragen.

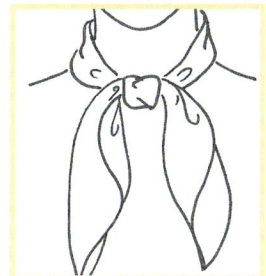

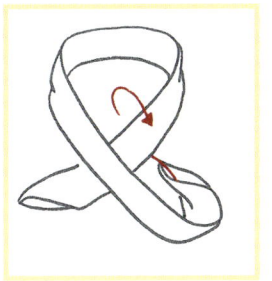
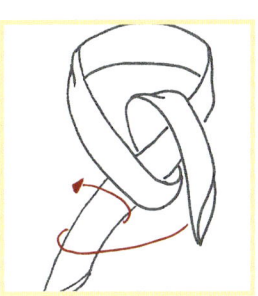
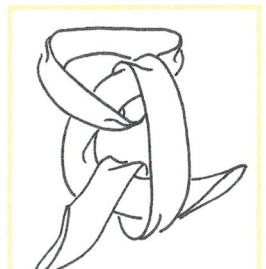

Haarband & Stirnband

Werden gerne von Künstlern, Trappern, Aussteigern oder von Frauen auf dem Weg ins Sportstudio getragen.

- Wirkt kreativ und unkonventionell.
- Je schlichter, haarfarbenähnlicher und seidiger Farbe und Material ausfallen, desto exklusiver wirkt der Look.
- Hält im Notfall beim Skifahren Ihre Brille fest und lenkt von ungewaschenen Haaren ab.

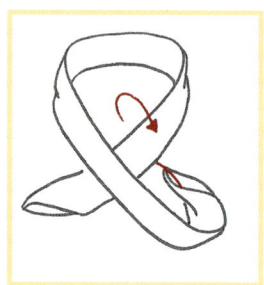
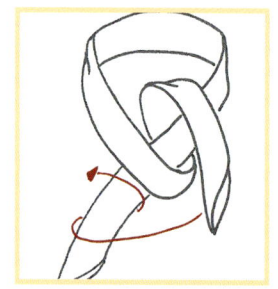

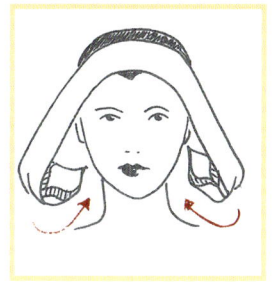

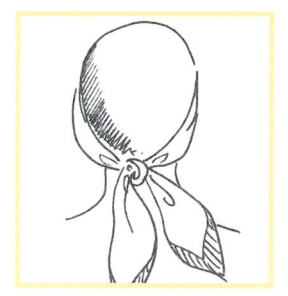

Grace Kelly

Die Bindetechnik kreiert den Look...

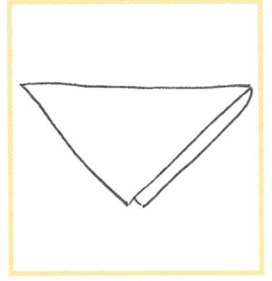

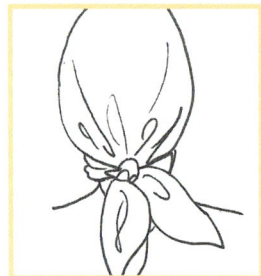

- Grace Kelly lässt grüßen. Mit diesem Kopftuch sind Sie auf einer Kreuzfahrt, im Cabrio und während einer Oldtimerrallye immer richtig angezogen.
- Schützt vor Sonne, Wind und Regen.

Korsar

... Frauen, die kreative und ausgefallene Kleidungsstücke bevorzugen, werden sich für dieses Kopftuch
entscheiden.

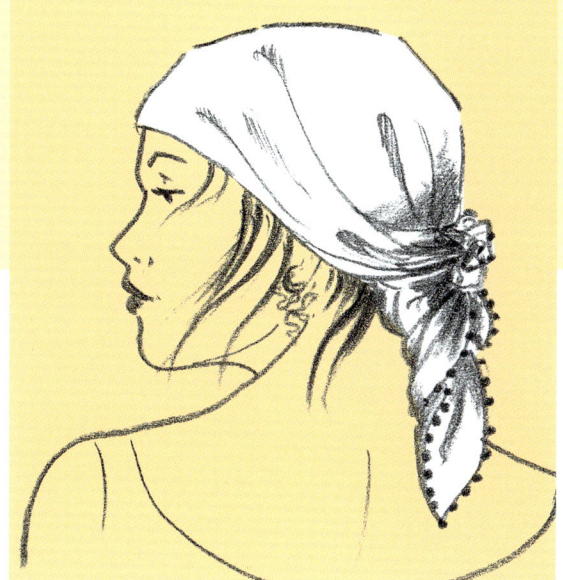

Mit der Bindetechnik
Korsar passen Sie gut
auf ein Piratenschiff,
ein Fahrrad oder eine
Vernissage.

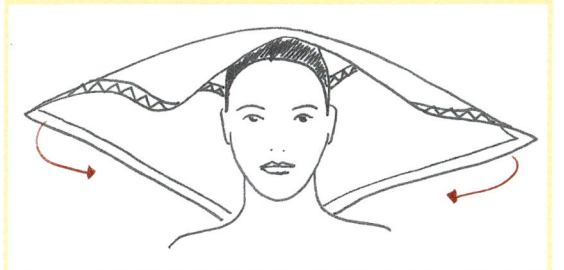 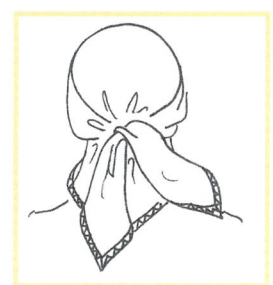 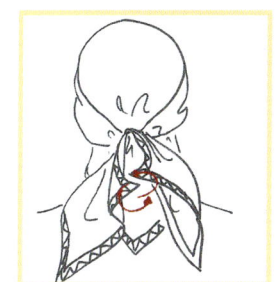 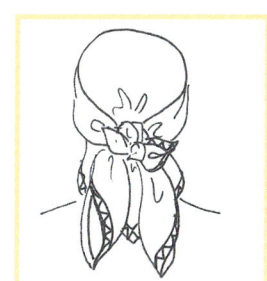

Arm-Band

Wer sagt, dass Tücher am Hals getragen werden? Wie wäre es im Sommer am nackten Oberarm oder am Handgelenk und im Winter auf einer langärmeligen Bluse? Zugegeben: Dazu gehört Mut!

Wer sich diesen Look noch nicht zutraut, kann den Gürtel eines Mantels durch ein Tuch ersetzen und dieses lässig durch die Gürtelschlaufen fädeln und hinten am Rücken locker verknoten.

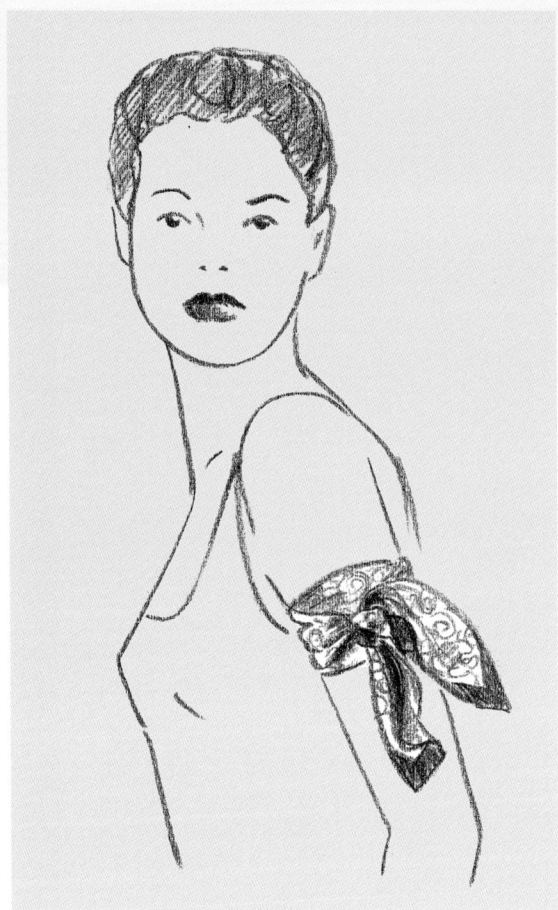

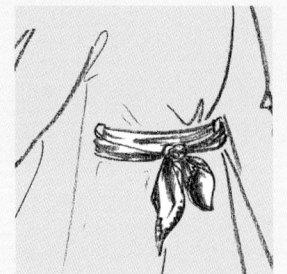

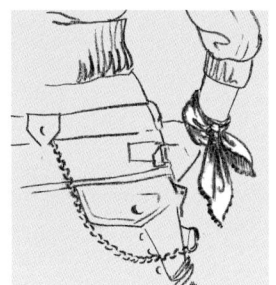

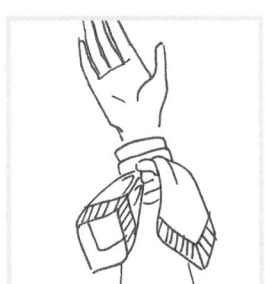

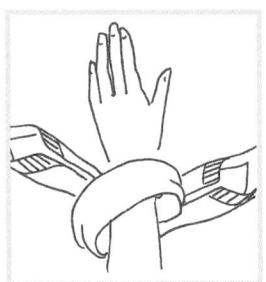

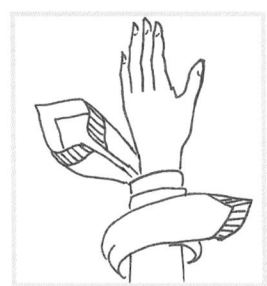

Pumphose

Legen Sie ein kleines Tuch zu einem Band zusammen.
Binden Sie es in Fußgelenkhöhe um das Hosenbein
einer weiten Sommerhose. Sie kreieren den Look einer
modischen Pumphose.
Für alle, die einen kreativen, originellen Kleidungsstil
lieben und gerne mit modischen Accessoires spielen.

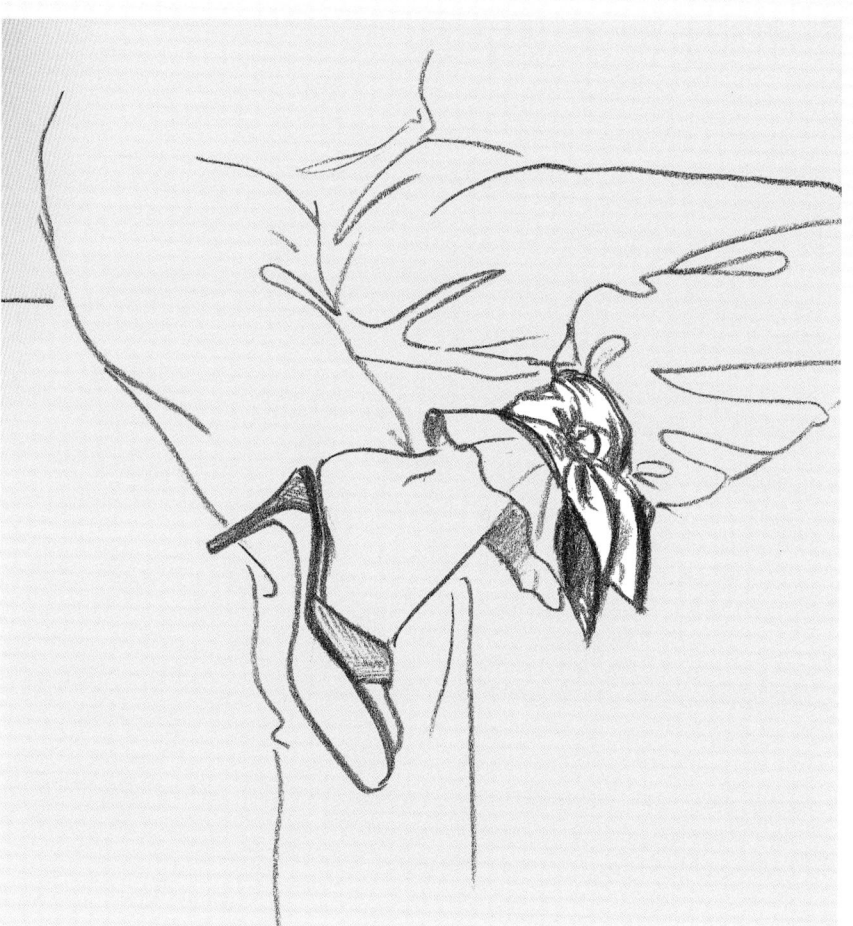

Einfacher Krawattenknoten

Im Gegensatz zu Männern können Frauen auf einen halsnahen und perfekt sitzenden Krawattenknoten wunderbar verzichten.

 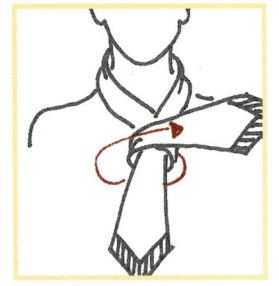 

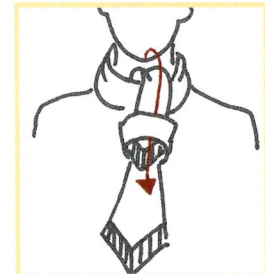

■ Tragen Sie die Krawatte ruhig etwas lässiger und lockerer gebunden. Der einfache Knoten sitzt sowieso etwas asymmetrisch.

■ Am Abend trägt die Verführerin die Krawatte auf nackter Haut und kombiniert dazu eine festliche Jacke – natürlich tief dekolletiert.

■ Sie können eine Krawatte auch zur Schleife binden und sie an Hals oder Taille tragen – trendy!

Volumenzauber

Ganz ohne Nadel und Faden kreieren Sie mit einfachen Knoten Kleidungsstücke und praktische Accessoires.

- Ziehen Sie zwei gegenüberliegende Tuchenden weit übereinander. Nehmen Sie das Tuch in beide Hände und drehen es wie einen Pfannkuchen um. Knoten Sie die übereinander gezogenen Tuchenden zusammen. Legen Sie das Tuch um den Hals und knoten die anderen beiden Enden im Nacken fest.
- Für kleine und große Tücher, die voluminös den Hals wärmen und schmücken sollen.
- Diese raffinierte Tuchidee ersetzt einen Rollkragenpulli und füllt tiefe Rundausschnitte.

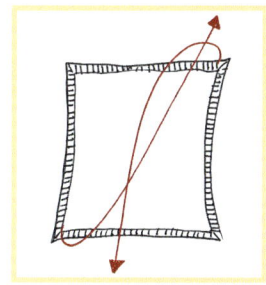

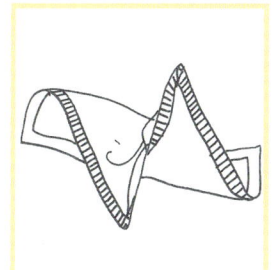

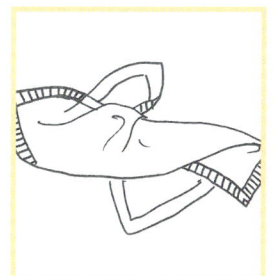

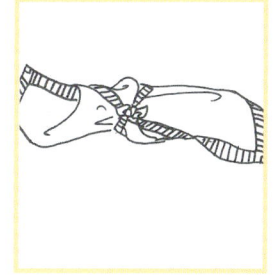

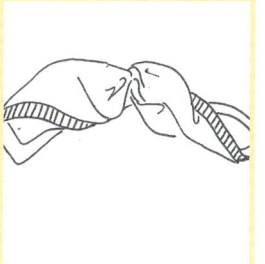

103

Bolero

Für alle Frauen, die gerne mehr Landhausmode und Trachten tragen würden. Es muss ja nicht gleich ein ganzes Dirndl sein.

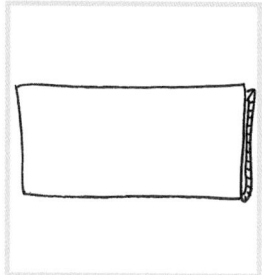

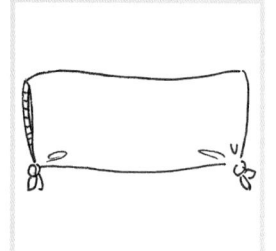

Den Rücken wärmend, romantisch und nostalgisch.

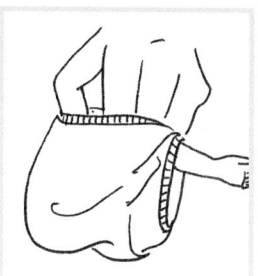

Strandkleid

Für alle Frauen, die sich ungern in Bikini oder Badeanzug an der Poolbar zeigen. Auch für einen Strand-
spaziergang wunderbar geeignet.

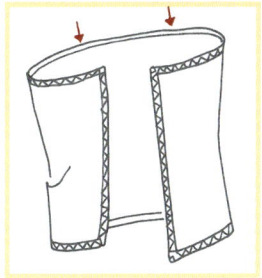
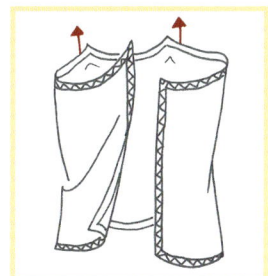

Handy- und Survival-Pocket

Für die einen Taschenspielerei, für die anderen ein unentbehrliches Accessoire.

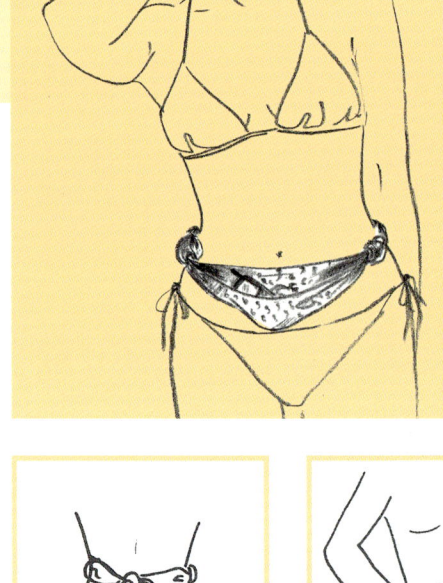

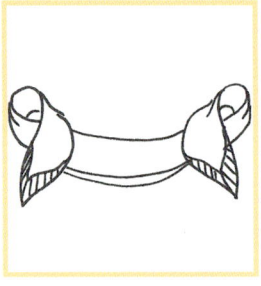 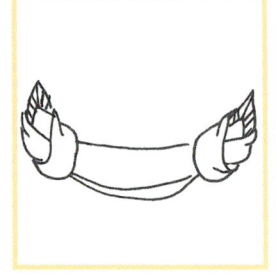 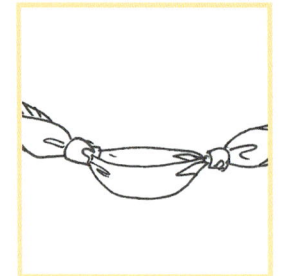

■ Falten Sie ein Tuch oder einen Schal zum Band. Der Stoffbruch liegt unten, die Stoffkanten oben. Begrenzen Sie die Taschenöffnung links und rechts durch zwei Knoten und binden sich die Tasche um Taille oder Hüfte.

■ Für die Unkonventionelle und Schmalhüftige.

■ Wirkt sportlich, lässig, zweckmäßig.

■ Im Notfall für alle!

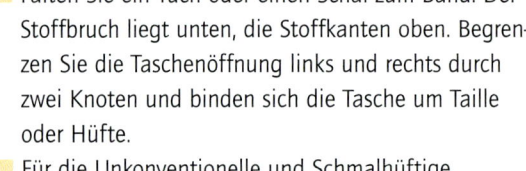 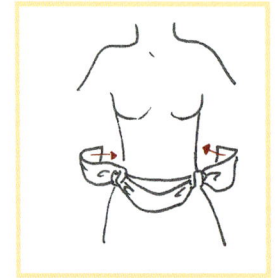 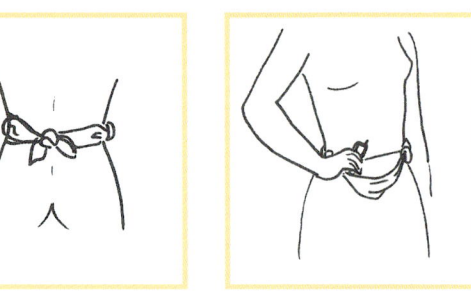

Krimskramsbeutel

Für die unkonventionelle, sportliche Frau.

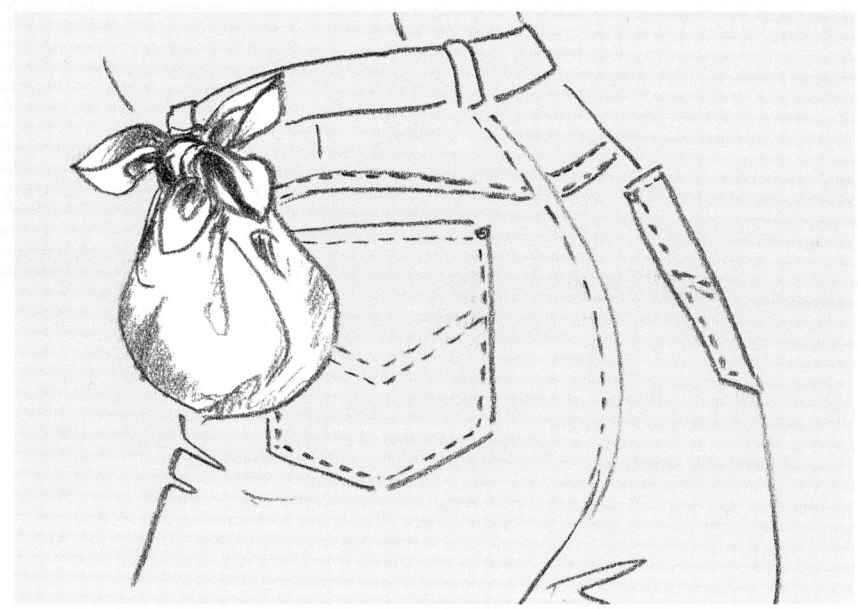

Knoten Sie zwei Tuchzipfel zusammen und ziehen Sie die anderen beiden Tuchzipfel durch den entstandenen Knoten. Befestigen Sie die Tuchenden mit einem Doppelknoten an der Gürtelschlaufe oder einem Gürtel.

Wirkt weder erfolgreich noch elegant, aber super flippig.

Aus Seide oder Samt hat er etwas romantisch-nostalgisches.

Hervorragend als Necessaire geeignet.

Wenn nicht für Sie, dann für die Kleinen. Meine Tochter strahlte, als ich ihr einen Beutel aus einem Nickituch knotete.

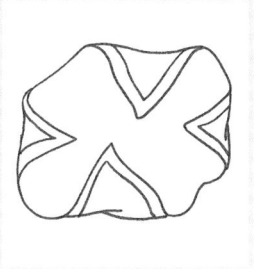  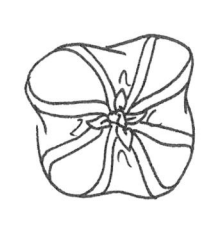

In diesem Kapitel beginnen Sie immer von vorne und legen im zweiten Schritt das Tuch mit den Enden (erst mal) nach hinten.

Knopfloch

- ▨ Raffen Sie die Seiten eines kleinen Tuches mit den Händen, binden Sie die Enden hinten. Knöpfen Sie die Tuchspitze ins Knopfloch.
- ▨ Wirkt elegant, leicht verspielt durch das Knopfloch-Detail.
- ▨ Bei kurzem Hals so tief wie möglich binden.
- ▨ Ersetzt im Winter Ihren Rollkragenpullover.
- ▨ Großes Tuch, große Frauen.

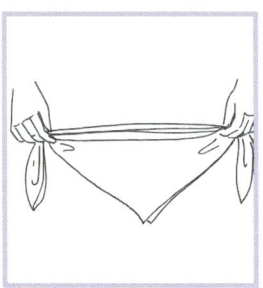
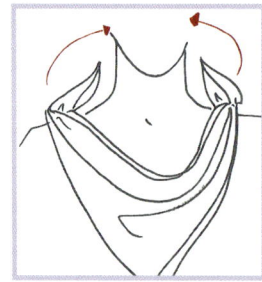

Allroundtalent

Von vorne nach hinten gelegt und wieder vorne
gebunden, der Knoten bleibt sichtbar.

■ Die Technik funktioniert
mit großen Tüchern und
langen Schals an Hals,
Taille und Hüfte.
■ Diese Tuchidee ist ein
Allroundtalent für sämt-
liche Tuchbreiten und
-längen.

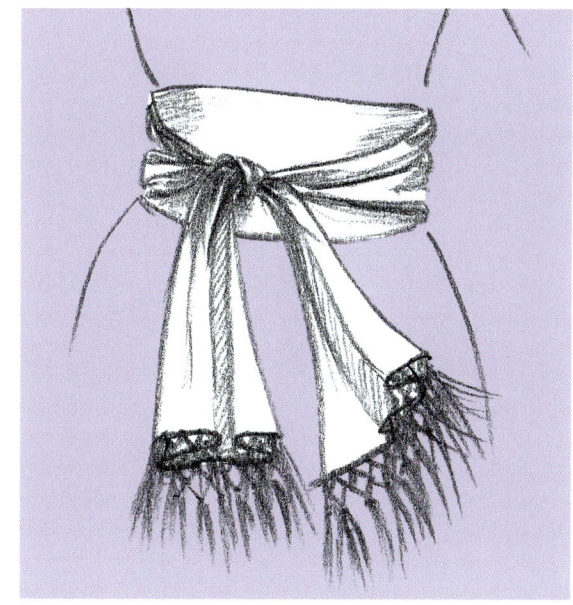

Versteckter Knoten

- Legen Sie einen lockeren Knoten in die Mitte eines Tuchs. Legen Sie das Tuch von vorne um den Hals, kreuzen die Enden im Nacken und holen die Enden wieder nach vorne. Verstecken Sie die Enden, indem Sie diese unter dem lockeren Knoten klein verknoten.
- Wenn Sie einen Schal verwenden, ziehen Sie die Enden rechts und links durch den Knoten hindurch.
- Verstecken oder durchziehen – dieser Knoten hält!

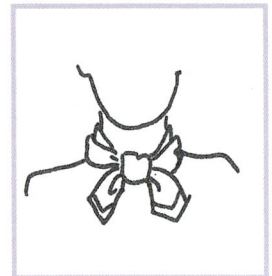

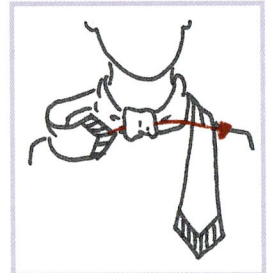

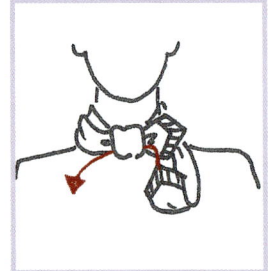

Rollkragen

Je größer das Tuch, desto voluminöser wirkt der Rollkragen.

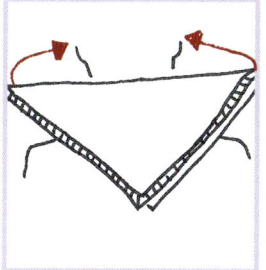 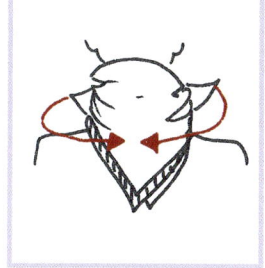

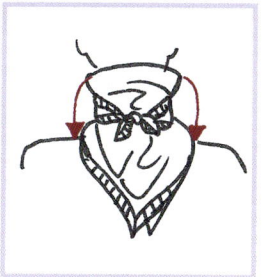

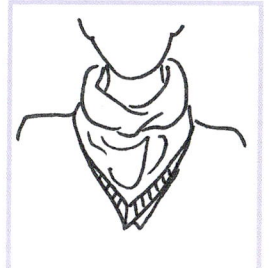

■ Legen Sie ein Tuch zum Dreieck und halten es sich vor das Gesicht. Kreuzen Sie die Tuchenden hinter dem Kopf und knoten sie vorne dicht unter dem Kinn zusammen. Rollen Sie die Tuchkante weich nach unten.

Zaubertuch

Durch nur einen Knoten, kreieren Sie ein raffiniert gefaltetes Halstuch oder gar ein Tuch-Top. Sieht wie genäht aus.

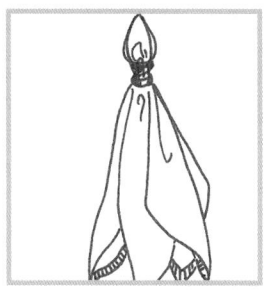  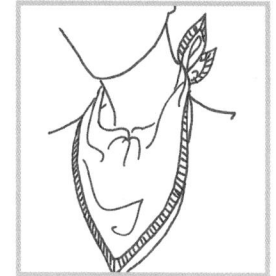

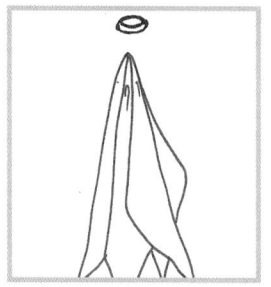

▨ Ziehen Sie die Mitte eines Tuchs etwas hoch und schlingen einen kleinen Knoten, drehen Sie das Tuch um, der Knoten liegt innen. Legen Sie das Tuch zum Dreieck (Knoten innen) und knoten es hinten im Nacken.

▨ Große Tücher wirken gut in Ausschnitten von Wintermänteln. Kleine sehen im Blusenausschnitt toll aus.

▨ Für kleine Nickis verwenden Sie anstelle eines Knotens besser ein Haargummi.

Zauber-Top

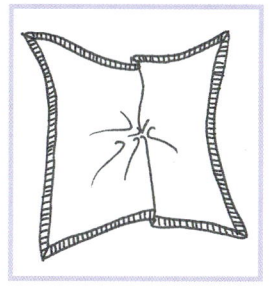

■ Für das taillierte Top knoten Sie das Tuch ca. 30 cm unterhalb der oberen Tuchkante. Der Knoten zeigt zum Körper und sitzt zwischen den Brüsten. Drehen Sie die beiden oberen Tuchzipfel etwas ein – das Tuch fällt schöner. Raffen Sie die beiden unteren Tuchenden nach oben und verknoten diese am Rücken.

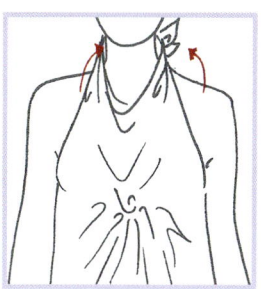

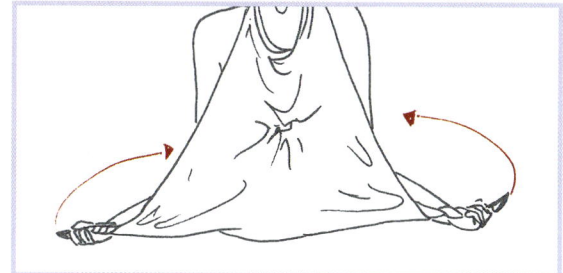

113

Einfache Schlaufe

Sieht auch bei Männern gut aus.

- Legen Sie einen Schal zur Hälfte und von hinten um den Hals. Ziehen Sie beide Schalenden zusammen durch die entstandene Schlaufe.
- Wirkt mit dicken Winterschals sportlich, ein bisschen improvisiert – einfach lässig.
- Mit dünnen Schals wirkt die einfache Schlaufe etwas femininer.

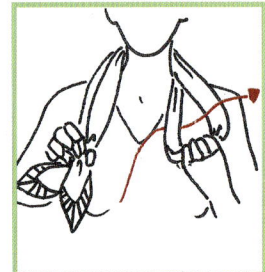
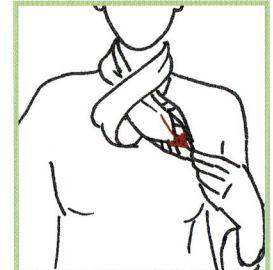

Webschlaufe

Mit einfarbigen oder nur klein gemusterten Schals wirkt die Webschlaufe am schönsten. Drapieren Sie die Webschlaufe etwas seitlich am Hals und lassen die Enden vorne und hinten über die Schulter fallen.

■ Legen Sie einen Schal zur Hälfte und von hinten um den Hals. Teilen Sie die beiden Schalenden und fädeln ein Ende von oben, das andere von unten durch die entstandenen Schlaufe.

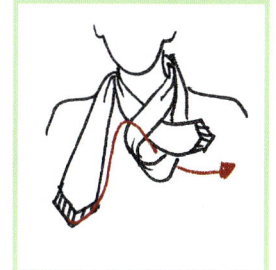

Eng umschlungen

Für Haare, Hals und Taille.

- Wenn Sie nur Nickitücher besitzen, nehmen Sie gleich zwei.
- Legen Sie die kleinen Tücher ineinander und verknoten Sie die Tuchenden im Nacken. Zugegeben: Diese Tuchidee sieht nur bei halblangen oder langen Haaren wirklich gut aus.

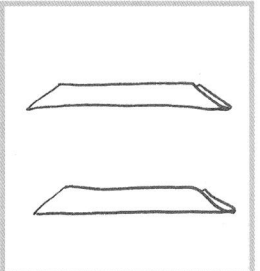

Elegance

Ein Klassiker unter den Tuchknoten.

■ Legen Sie ein Tuch von hinten um den Hals oder die Taille und wickeln die Tuchenden – vor dem Körper – zweimal in die gleiche Richtung. Ziehen Sie die Tuchenden nach hinten und verknoten sie. Verstecken Sie den Knoten unter dem Tuch.

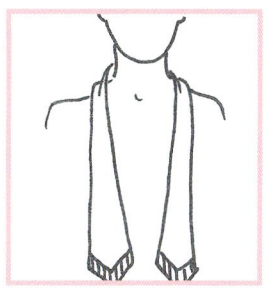 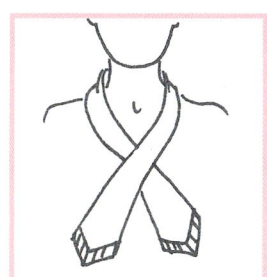 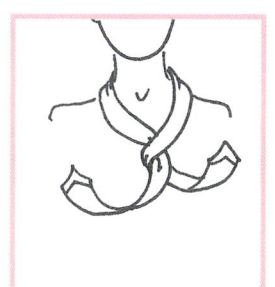 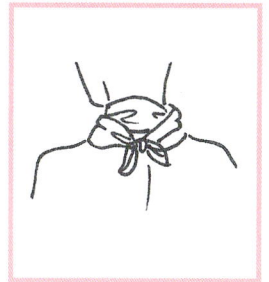 

Ansteckrose

Wenn Sie gar nicht mehr aufhören können zu wickeln.

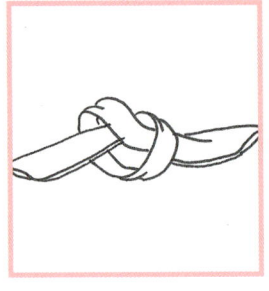 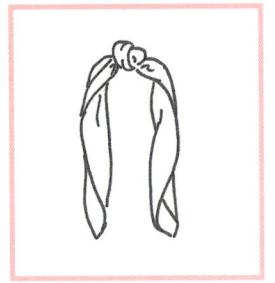 

■ Hoffnungslos romantisch.
■ Befestigen Sie die Ansteckrose mit einer Sicherheitsnadel an der Kleidung.

Kordel

**Wickeln und drehen Sie Tücher, Schals oder gleich
2 Nickitücher zu dekorativen Halsschmeichlern.**

- Umwickeln Sie die Kordel mit einem Samt-, Häkel- oder Lederband oder mit einer Kette. So kreieren Sie eine verspielte Tuchidee individuell und immer wieder neu.
- Legen Sie kleine Nickitücher zu Bändern und verwickeln gleich mehrere Tücher ineinander.
- Wirkt sportlich und ganz schön verdreht.

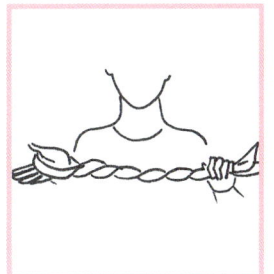
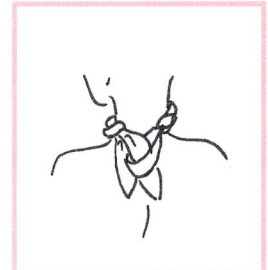
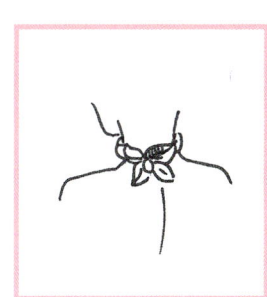

119

Korallenroter Reisebegleiter

Hoffentlich vergisst sie mich nicht wieder. He, hier drüben über der Stuhllehne hänge ich. Gott sei Dank, ich dachte schon du fährst ohne mich. Komm schnell, das Taxi wartet. Bin mal gespannt, wo du mich dieses Mal überall hinschleppst.

Auweia, das soll ein Sommer sein? Es nieselt und die Temperaturen passen zu einem kühlen, nebligen Frühlingsmorgen. Solche Temperaturen hatten wir das letzte Mal am Abend vor dem ersten Mai. Weißt du noch? Ich schmückte dein knielanges kaviarschwarzes Cocktailkleid aus Wollgeorgette, mit der schmalen Samtbordüre am Rocksaum. Meine weiche, wärmende Wolle verschonte dich vor einem Schnupfen. Mein leuchtendes Korallenrot wurde von allen bewundert. Wir bekamen haufenweise Komplimente, wie gut wir doch zusammen passten.

He, hier zieht's, das kann ja heiter werden. Ich hab ja nichts dagegen, dass du mich als Decke über deine Schultern oder deine kalten Beine legst, aber zum Kopfkissen zusammengeknäult – das geht zu weit! Frage doch die Flugbegleiterin nach einem Kissen, das ist schließlich für solch einen Zweck gemacht. Na gut, wenn kein Kissen mehr da ist, nimm mich für ein Nickerchen, aber nicht so knuddeln, sonst muss ich im Hotel wieder stundenlang im feuchten Bad hängen, um die Falten loszuwerden. Denke nur an unseren letzten Besuch eines Freilichttheaters. Ich wärmte dir den Po und polsterte den harten Klappholzstuhl und verpasste dabei die ganze Vorstellung. Zum Dank hast du mich dann noch mit der klebrigen Mayonnaise aus dem bröseligen Sandwich voll gekleckert.

Jetzt pack mich bloß nicht weg, nur weil dir auf der Gangway warme Luft entgegenbläst. Spätestens heute Abend wird's dir wieder kalt und du ärgerst dich, den langen Weg zum Hotelzimmer zu gehen, um mich zu holen. Nimm mich gleich mit. Ich bin leicht, passe zu all deinen Klamotten, wärme dich, schmücke dich und bin hier überhaupt das Wichtigste auf unserer Reise. Außerdem möchte ich auch ein bisschen was von der Welt sehen. In deiner Schublade zu Hause ist es duster, langweilig und kein Mensch sieht mich!

Reisetauglich

Ob beruflich oder privat: Sie wollen schick aussehen, genug Auswahl haben, aber nicht so viel mitschleppen. Also gehören in Ihren Koffer Kleidungsstücke, die untereinander kombinierbar sind, und viele Accessoires. Ob Ketten, Ohrringe, Tücher, Schals oder ausgefallene Schuhmodelle. Sie alle sorgen dafür, dass Ihr Outfit nie gleich aussieht und finden auch in kleinen Koffern Platz.

Handgepäck

Große Tücher und Schals, aus Wolle oder Seide, schützen Sie vor eisigen Klimaanlagen in Flugzeugen und zugigen Hotel-Foyers. Wolle eignet sich hervorragend als Decke für kalte Schultern, Beine und Füße. Als Kopfkissen für ein Nickerchen ebenso wie als Sitzkissen für kalte und harte Stühle. An kühlen Abenden dient ein großer feingewebter Wollschal als eleganter Jackenersatz.

Hotelurlaub

Bei einem Strandurlaub, in einem Mittelklassehotel, scheint heute jeder Kleidungsstil erlaubt. Dennoch empfehlen wir, nicht im Bikini oder Badeanzug im Hotelfoyer aufzukreuzen. Tragen Sie mindestens ein, aus einem riesigem Tuch („Pareo") geknotetes, Strandkleid. Es eignet sich auch als Unterlage für Strandliegen und Stühle.

Ein paar Pfund zu viel für den neuen Badeanzug? Sie haben Ihre Leinen- oder Baumwollbluse vergessen? Leichte Jerseykleider, zum kurz mal drüber ziehen, haben Sie auch nicht im Koffer? Aber hoffentlich einen Pareo. Nein? Kaufen Sie sich schnell einen!

Respektvoll gekleidet

Stimmen Sie Ihre Kleidung und Ihr Verhalten respektvoll auf Sitten, Gebräuche und Religionen Ihrer Gastgeber ab. Dies gilt für Gottesdienste, Besichtigung von Gotteshäusern im In- und Ausland ebenso wie für Besuche öffentlicher Gebäude. Auch, wenn bei einer Hochzeitsfeier nach der Kirche eine ungezwungene Hochzeitsparty vorgesehen ist, sollten Sie nicht ärmellos und ohne Strümpfe in der Kirche sitzen. Haben Sie keinen Blazer zu Ihrem Sommerkleid, investieren Sie in einen Kaschmirschal oder in ein großes Tuch. Es wird Ihnen als Sitzkissen im Openairkonzert ebenso dienen wie als Nierenwärmer. Und über Ihren Wintermantel passt es sowieso. Und die Feinstrumpfhose können Sie nach dem Gottesdienst in der Damentoilette ausziehen.

Was uns noch zu Tüchern einfällt...

■ Füllen Sie Ihren Kleiderschrank mit zeitlosen Kleidungsstücken. Kaufen Sie dazu modisch aktuelle Tücher und Schals.

■ Kaufen Sie nichts ohne Anprobe. Das gilt auch für Tücher und Schals. Jedes Tuch wirkt mit gleicher Bindetechnik unterschiedlich.

■ Auch preiswerte Kleidungsstücke und Accessoires – mit Geschick gewählt – wirken hochwertig und edel, wenn Sie gepflegt sind!

■ Sie suchen einen speziellen Farbton oder Stoff und finden nicht das Richtige? Oder haben Sie einfach nicht das Geld für ein handrouliertes Seidentuch? Gehen Sie in ein gutsortiertes Stoffgeschäft. Kaufen Sie Stoff vom Meter. Roulieren Sie das Tuch oder lassen Sie es in einer Änderungsschneiderei roulieren. Die Stiche haben nicht exakt den gleichen Einstichabstand. So wird das Tuch erst zur echten Handarbeit.

■ Stimmen Sie auch den Haarschmuck, farblich und stilistisch, auf Ihre Tücher ab.

■ Auch wenn wir empfehlen, ungeliebte Tücher und Schals auszusortieren – Sie müssen Sie nicht gleich entsorgen. Vielleicht werden sie Lieblingsstücke Ihrer Tochter, Nichte oder Enkelin. Meine Tochter und ihre kleinen Gäste lieben es, sich damit zu verkleiden.

■ Grundsätzlich vertragen Woll- und Seidentücher eine kalte Hand- oder Waschmaschinenwäsche bei 30 °C (nur anschleudern). Verwenden Sie entsprechende Woll- und Seidenwaschmittel.

■ Informieren Sie sich, ob Ihr teures Seidentuch von Hand gewaschen werden kann oder in die Reinigung muss.

■ Ein Schuss Essig im Spülwasser pflegt Seide und Farbe.

■ Seide ist sehr licht- und schweißempfindlich. Auch Parfüms mag Seide nicht. Wenn Sie am Hals sehr schwitzen, tragen Sie das Tuch auf der Kleidung oder wählen weniger empfindliche Stoffe. Legen Sie Seide nicht in die Sonne.

■ Bügeln Sie feine Seide noch feucht, Wildseiden trocken. Stellen Sie den Temperaturregler auf einen Punkt und bügeln Sie ohne Dampf.

■ Bei Strickschals und Wolltüchern bilden sich oft kleine Wollknötchen (Pilling). Ziehen Sie diese nicht raus, sondern schneiden Sie sie mit einer Nagelschere ab.

■ Hängen Sie verknitterte Stoffe während des Duschens ins Badezimmer. Besonders leichte Stoffe saugen den Wasserdampf auf und ziehen sich während des Austrocknens an frischer Luft wieder glatt.

■ Lippenstift entfernen Sie mit einem in Alkohol getränkten Wattebausch. Bitte erst an einer unauffälligen Ecke testen. Danach den Stoff gründlich waschen.

■ Rotweinflecken saugen Sie sofort mit Löschpapier oder Salz auf. Spülen Sie dann den Stoff aus und waschen ihn gründlich.

■ Öl- und Wagenschmiere reiben Sie mit Butter ein und lassen diese über Nacht einwirken. Streuen Sie dann Talkumpuder darüber und lassen das eine weitere Nacht einwirken. Am nächsten Tag waschen Sie den Stoff gut durch.

■ Kugelschreiber entfernen Sie am besten mit Spiritus. Vorsichtig mit Watte abtupfen. Unbedingt an einer unauffälligen Ecke ausprobieren.

■ Kaffee spülen Sie mit lauwarmem Wasser aus.

■ Fettflecken bestreuen Sie mit Backpulver. Etwa zwanzig Minuten einwirken lassen, dann abklopfen.

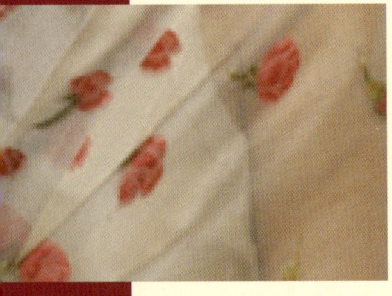

Wie Tücher und Schals noch genannt werden

Bandana   Kleines Seidentuch, ursprünglich aus Indien. Früher ausschließlich zweifarbig gemustert. Es diente als Hals-, Kopf-, Mund- und Schweißtuch. Heute ist es in unzähligen Farben, vielfältigen Mustern und Motiven erhältlich. Größe ca. 45 x 45 cm.

Boa   Langer Federschal – hoffnungslos verführerisch!

Cape   Ärmelloser Umhang, auch mit Kapuze, wird wärmend um Schultern und Rücken getragen. Durch seine Größe bedeckt er auch die Arme. Am schönsten aus hochwertiger Wolle und Edelhaaren.

Carré   Französisch: Viereck, kam in den 50er Jahren in Mode. Wird auch Souvenir- oder Nickituch genannt.

Dreiecktuch   Gehäkeltes oder geknüpftes Tuch in Dreiecksform ca. 140 x 65 cm, mit Fransen oder aufgefädelten Perlen-Fransen an den Kanten. Erinnert an Folklore und traditionelle Häkelkunst. Modisch wird es auch um Hüfte und Taille getragen.

Pareo   Großes, feines Baumwolltuch mit exotisch anmutenden Druckmustern, heute wird es auch einfarbig, passend zur Bademode, angeboten. Wird auf unterschiedlichste Weise als Rock oder Kleid um den Körper gebunden.

Pashmina   Pashmina ist ein weicher Flaum, der zwischen den Haaren der Chyangra-Bergziege eingebettet ist. Aufgrund des rauen, unbeständigen Klimas im Himalayagebirge hat die Ziege im Laufe der Evolution ein einzigartig warmes und dichtes Fell entwickelt. Bewohner und Mönche des Himalayagebirges gewinnen in sehr aufwändiger Handarbeit Kleinstmengen der feinen Pashminafasern. Der klassische Pashmina-Schal, meist 100 x 200 cm, mit handgedrehten Fransen, wird mit Seide verwebt. Der Schal erhält Festigkeit, Glanz, fließenden Fall und knittert kaum. Er ist unglaublich leicht.

Plaid   Ein großes Wolltuch, meist farbenfroh und groß kariert. Wird über Mantel oder Jacke als Umhang getragen oder einseitig über eine Schulter drapiert.

Nickituch   Kleines Halstuch, Größe heute ca. 50 x 50 cm, siehe: Bandana, Souvenirtuch.

Schal   Sammelbegriff für alle Arten von länglichen Halsschmeichlern. Ursprünglich bezeichnet Schal feinste Wolle – nämlich Kaschmir. Oder man benennt ihn nach seinem Material wie z. B. Seidenschal.

Stola   Schalartiger Schulterumhang: Um 1900 war eine Pelzstola Statussymbol und Luxusaccessoire zugleich. Bis in die 50er Jahre ließen sich Frauen aus dem Stoff des Abendkleides dazu eine Stola nähen.

Souvenirtuch   Auch Erinnerungstuch genannt. Wurde in Europa den Taschentüchern zugeordnet. Aus Baumwolle, Leinen oder Seide, meist mit geschichtlichen Ereignissen einfarbig bedruckt.

Farben sind wie Schokolade

Farb-Stoff

Farben sind ein bisschen wie Schokolade. Die Produktpalette ist ähnlich vielfältig und für jede Stimmung und jeden Geschmack ist etwas dabei. Verzichten wollen wir auf beides eher nicht. Ebenso wie reine Farben den Reichen und Mächtigen vorbehalten waren und heute allen erlaubt sind, hat sich Schokolade – als ehemaliges Genussmittel der Oberschicht – zu einem Nahrungsmittel gewandelt. Zugegeben, Schokolade eignet sich als Trostpflaster für Jung und Alt nach wie vor am besten und trocknet Kindertränen in wenigen Augenblicken. Doch zum Schwärmen bringen Sie uns beide und der Genuss von Farben ganz ohne Kalorien.

In einem Artikel: „Fit und schlank in nur sechs Wochen", riet eine Ernährungsberaterin ihren Leserinnen, niemals hungrig einkaufen zu gehen, um nicht vor lauter Heißhunger hemmungslos in die Süßwarenabteilung abzubie-

gen, anstelle den Einkaufswagen aus den Obst- und Gemüseregalen zu füllen. Wenn Farben und Schokolade wirklich etwas gemeinsam haben, könnte uns diese Tatsache auch bei dem Kauf von Tüchern und Schals helfen und uns – hungrig nach Farben – vor den falschen bewahren. Schließlich gehen wir mit keinem Kleidungsstück – abgesehen von einem Rollkragenpullover – eine so enge Bindung zum Gesicht ein.

Öffnen Sie vor Ihrer nächsten Shopping-Tour Ihre Schubladen und Schränke und werden Sie sich klar darüber, welche Farben Sie besitzen und tragen möchten:

- Tragen Sie Farben, die Ihnen gefallen.
- Tragen Sie Farben, in denen Sie sich wohl fühlen.
- Tragen Sie Farben, die Ihnen gut stehen.
- Tragen Sie Farben, die zu Ihrer Garderobe passen.

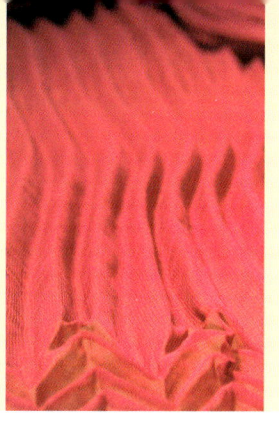

In welchen Farben sich die Natur auch färbt, sie wirkt immer harmonisch. Wir wachsen mit den wechselnden – und sich doch immer wiederholenden – Farbspielen der Natur auf. Mit den zarten, frischen Frühlingsknospen, den herbstlich-goldenen Blätterwäldern oder den starken Kontrasten einer Winterlandschaft. Sofort fallen uns Tausende von Farbstimmungen ein. Wir alle können über Farben etwas sagen, ohne dafür qualifiziert zu sein.

Farben sind ein sehr komplexes Wissensgebiet. Unser Lieblingsbuch zu diesem Thema hat Eva Heller geschrieben. Es heißt: „Wie Farben wirken". Sie betrachtet Farben in all ihren typischen Wirkungen: naturwissenschaftlich, psychologisch, symbolisch, ästhetisch und kulturell. Für die richtige Wahl Ihrer Tücher und Schals möchten wir Sie auf den Geschmack Ihrer persönlichen Farben und Muster bringen. Mit Hilfe modernster Technik können heute Tausende von Farbnuancen hergestellt werden. Oft wählen wir Farben aus dem Gefühl heraus, setzen sie als Stimmungsmacher ein. „Diese gefällt mir, die steht mir, die möchte ich tragen." Leider werden wir allzu oft von aktuellen Moden und zu viel Farbangebot verwirrt. Wir verlieren dann für einen Moment das natürliche Gefühl für unsere ganz persönlichen Farben. Überlassen Sie die Wahl Ihrer Farben nicht mehr einfach dem Zufall.

Vielleicht hält sich deshalb seit vielen Jahren die, in Amerika entwickelte, Jahreszeitentypologie. Mit Hilfe dieser verkörpert jeder Mensch durch seine Haut-, Augen- und Haarfarbe einen bestimmten Farbtyp, der mit einer der vier Jahreszeiten in Einklang steht. Jeder von uns könnte sich – wenn er wollte – in einem Frühlings-, Sommer-, Herbst- oder Wintertyp wiederfinden.

Die vier Jahreszeiten werden wiederum in zwei Gruppen eingeteilt: Das Spektrum der kühlen Farben und das Spektrum der warmen Farben. Wenn wir von den drei Grundfarben Blau, Rot und Gelb ausgehen, werden Winter und Sommer als kühl bezeichnet, die Farben sind blau oder rot unterlegt. Frühling und Herbst gelten als warm, da ihre Farben gelb oder rot unterlegt sind.

Farbtopf Natur

Denk ich an des Frühlings Farben
Lacht es mir ein frisches Grün
Fröhlich leuchten gelbe Töne
Wo die Osterblumen blühn
Hyazinthen duften rosa
Lila und manchmal hellblau
Sanft und zart sind alle Farben
Wenn ich in den Frühling schau

Täglich steigt die Sonne höher
Sommer, ach du schöne Zeit!
Dunkler ist das Grün geworden
Rot und Blau gibt's weit und breit
Blumen, Sträucher, alle strahlen
Rosen duften und Jasmin
Sprichst du von des Sommers Farben
Denk an Pflanzen, wie sie blühn

Langsam wird das Leben ruhiger
Ähren wiegen beige und braun
Saftig rot und schwarze Beeren
Sind im Walde anzuschaun
Blätter werden gelb und ocker
An Nuss-, Kastanien-, Eichelbäumen
Ruhige, erdenhafte Töne
Lassen uns vom Herbste träumen

Weißer Schnee bedeckt die Erde
Frisch und klar und knackig kalt
Silberzapfen an den Bäumen
Klirren, weht der Wind im Wald
Frierend blau lacht es von oben
Wenn die tiefe Sonne scheint
Winter hat ganz tolle Farben
Wenn nicht grad der Himmel weint

Gabi Keller

Nicht immer ganz eindeutig

So wie es in der Natur keine klaren Farbgrenzen gibt und es am Frühlingsanfang durchaus noch einmal schneien kann, sind auch Haut-, Augen- und Haarpigmentierung nicht immer ganz eindeutig einer Jahreszeit zuzuordnen. Alter, Körpergröße, Figur, Beruf, Freizeitaktivitäten und Stimmungen sollten ebenso in Ihre Farbwahl einbezogen werden. Einige von Ihnen werden sich in einer Farbharmonie zu Hause fühlen, die anderen werden mit unterschiedlichen Farbfamilien spielen.

Gehen Sie entspannt, ohne Gedanken an ein Farbdogma, auf die Suche nach Ihren Farben. Die Idee der vier Jahreszeiten gefällt Ihnen nicht? Nennen Sie sich anders: Wie wäre es mit dem Namen einer Schauspielerin, deren Körperfarben Ihren ähneln. Oder mit Typ: 1,2,3 oder 4? Oder inspiriert Sie Mutter Natur mehr als Zahlen? Mit etwas Farbgefühl, Zeit und unseren Farbvorschlägen werden Sie Ihre Farben finden. Wenn Sie zusätzliche Hilfe brauchen, lassen Sie sich individuell farbberaten.

Testen Sie Ihre Körperfarben

Fällt es Ihnen schwer, Ihre Körperfarben zu bestimmen?

■ Halten Sie einen reinweißen Stoff oder weißes Kopierpapier an Ihr Gesicht oder an die Handgelenkinnenseite und den Unterarm. Wirkt Ihre Haut – im Vergleich zu Weiß – eher bläulich oder gelblich?

■ Vergleichen Sie Ihre Haut mit der Haut anderer Personen.

■ Schminken Sie Ihre Lippen in einem Erdbeer- oder Kirschton, dann in einem warmen Braun- oder Apricotton. Mit welcher Farbe sehen Sie frisch aus und fühlen sich am wohlsten?

Harmonische Farben ergänzen und verstärken die natürlichen Körperfarben. Betrachten Sie zunächst einmal die Farben Ihrer ungeschminkten Haut, Ihrer Augen und Ihrer ungefärbten Haare. Gefärbte Haare kämmen Sie straff aus dem Gesicht oder decken sie mit einem Haarband ab. Wählen Sie einen Fensterplatz mit gutem Tageslicht. Setzen Sie sich vor einen Spiegel und vergleichen Sie Ihre Körperfarben mit folgenden Beschreibungen:

Warm und hell

Hautton

Elfenbein-, pfirsich- oder goldbeigefarben. Goldbraune Sommersprossen und Muttermale sind häufig. Neigt zu roten Wangen (Pfirsichbäckchen), Fingerknöchel scheinen auffallend rot durch.

Augenfarbe

Blau, Grün oder eine Mischung aus beidem, Türkis, Aquamarin, Blaugrau, Haselnussbraun. Die Iris kann mehrfarbig mit kleinen Sprenkeln oder Strahlen durchzogen sein. Das Augenweiß glänzt gelblich.

Haarfarbe

Flachsblond, Gelbblond, Rotblond bis zum warmen Goldbraun. In der Sonne schimmern die Haare golden, manchmal auch kupferrot. Wimpern und Augenbrauen: Hell- oder Rotblond.

Suchen Sie nach hellen, warmen und fruchtigen Farben mit gelbem Unterton, wenn Sie blaue Augen haben, tragen Sie auch Blau.

Warm und dunkel

Hautton

Hell, goldgrundig, warm, elfenbein- oder pfirsichfarben; rötliche Haut mit goldfarbenen Sommersprossen oder goldbeige bis bronzefarbene Haut.

Augenfarbe

Bernstein, Haselnussbraun, Dunkelbraun, Grün, Braun mit grün- oder goldgesprenkelter Iris, dunkles Petrolblau.

Haarfarbe

Rotskala von Kupfer bis Kastanie, goldenes Dunkelblond, warmes Braun, satte Haarfarben mit goldenem oder rötlichem Ton.

Suchen Sie nach warmen, gedeckten Naturfarben, in denen sich der goldene Unterton Ihrer Haut wiederfindet.

Kühl und hell

Hautton

Rosabeige- oder blassbeigefarben. Die Haut wirkt oft nahezu durchscheinend. Oder heller kühler Olivton, der gut in der Sonne bräunt. Wenn Sommersprossen, dann graubraune.

Augenfarbe

Blau, Grau oder eine Mischung aus beidem, Aquamarin, Haselnussbraun mit blaugrünen Sprenkeln. Das Weiße der Augen wirkt eher milchigweiß.

Haarfarbe

Weißblond, Hellblond bis zum kühlen Mittelaschblond, auch Dunkelblond oder Hellbraun. Im Alter dunkelt das Haar oft nach und wirkt aschbraun-mausgrau.

Suchen Sie nach kühlen und kräftigen Puder- und Pastelltönen, die genauso elegant wirken wie Ihre zurükkhaltenden Körperfarben.

Kühl und intensiv

Hautton

Kühl, blaustichig, heller transparenter Porzellanteint, sehr weiß oder beigerosafarben angehaucht. Oder ein Olivton von hell bis dunkel. Nicht zu verwechseln mit der Herbsthaut. Goldgelbe Töne intensivieren den Gelbton im Gesicht, kühle Farben unterdrücken ihn.

Augenfarbe

Die Augenfarbe ist sehr intensiv – Dunkelblau, Türkis, Schwarzbraun, Graugrün, Graublau oder Nussbraun. Starker Kontrast zwischen Augenfarbe und Iris.

Haarfarbe

Mittelbraun bis zum intensiven Dunkelbraun. Charakteristisch: blauschwarze und später grau melierte oder silbergraue Haare.

Suchen Sie nach kühlen, intensiven Farben mit blauem Unterton. Schwarz und Weiß oder gemischte Grautöne sollten in der Grundgarderobe nicht fehlen.

133

Rinderragout mit Schokolade
Carne de res en adobo

Zutaten für 4 Personen:

2 rote Paprikaschoten (etwa 300 g)
1 große Fleischtomate (etwa 250 g)
2 Knoblauchzehen
1 Zwiebel
50 g Zartbitterschokolade
3 EL Essig
3 EL Öl
800 g Rindergulasch
Salz, Pfeffer (frisch gemahlen)
$^3/_8$ l Fleischbrühe
2 Nelken
$^1/_2$ Zimtstange
2 große Möhren (etwa 250 g)
1 große Kartoffel (etwa 200 g)

1. Den Backofen auf 250 °C vorheizen. Die Paprikaschoten auf dem Rost im Ofen (Mitte) etwa 20 Minuten garen. Herausnehmen, halbieren, häuten, entkernen und das Fruchtfleisch zerschneiden.

2. Inzwischen die Tomate mit kochendem Wasser überbrühen, häuten, Kerne und Stielansatz entfernen und das Fruchtfleisch würfeln. Den Knoblauch schälen. Die Zwiebel schälen und vierteln. Die Schokolade in Stücke brechen. Mit der Paprika, der Tomate, dem Knoblauch, der Zwiebel und dem Essig im Mixer pürieren.

3. Das Öl erhitzen. Das Fleisch darin portionsweise anbraten, salzen und pfeffern. Das Püree, die Brühe, die Nelken und die Zimtstange dazugeben. Etwa 50 Minuten zugedeckt garen.

4. Die Möhren und die Kartoffel schälen und waschen. Die Möhren längs vierteln und klein schneiden, die Kartoffel würfeln. Beides zum Fleisch geben und etwa 15 Minuten köcheln lassen. Dann Nelken und Zimt entfernen. Das Ragout abschmecken und servieren.

Zubereitungszeit: ca. 2 $^1/_4$ Std.

Quelle: www.theobroma-cacao.de, Schokoladenmuseum Köln

Testen Sie Ihre Garderobenfarben

Nehmen Sie vorhandene Tücher, Schals, Kleidungsstücke und alles Farbige, was Ihnen in die Finger kommt. Sortieren sie alles nach warm und kalt, dann nach hell, dunkel und intensiv. Stellen oder setzen Sie sich wieder vor einen Spiegel und vergleichen Sie die vorhandenen Farben mit Ihren Körperfarben:

Steht mir!

Farben, die Ihnen stehen, lassen die Haut klarer und frischer wirken. Hautunebenheiten und Unreinheiten treten in den Hintergrund. Die Augen leuchten, wirken größer und glänzender. Die Lippen wirken natürlich rot. Sie finden die Farbe schön; es ist Ihnen angenehm, sie zu betrachten. Ihre Assoziationen zu dem Farbton sind positiv: „Ein Apfelgrün ist schön frisch, es erinnert mich an einen knackigen, vitaminreichen Apfel."

Steht mir nicht!

Farben, die Ihnen nicht stehen, unterstreichen eher Hautunreinheiten, Fältchen und Falten. Ein unregelmäßiges Hautbild und rote Flecken werden zusätzlich betont. Das Weiß der Augen wirkt stumpf. Augenringe fallen eher auf. Ungünstige Farben lassen müde, erschöpft, ausgelaugt, manchmal auch älter wirken. „Bin ich heute blass!" Wenn uns eine Farbe steht, wir sie dennoch nicht mögen, wird die Assoziation eher negativ ausfallen: „Grün musste ich als Kind tragen, ich hatte eine apfelgrüne Wollmütze – die kratzte."

135

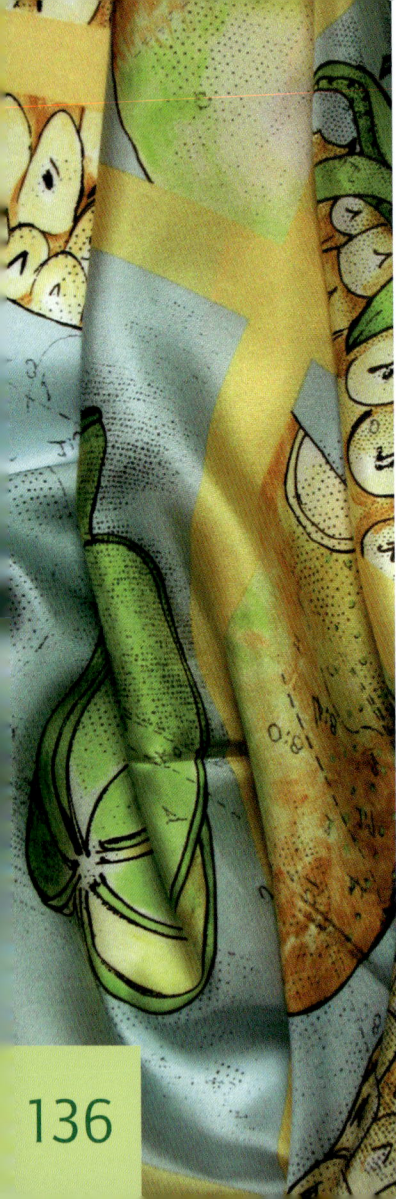

Schöne Farben für warme helle Farbtypen

Weiß

Wollweiß und zarte, cremige Weiß- und Beigetöne ersetzen das Hartweiß und bringen den warmen, goldgrundigen Ton der Haut zur Geltung.

Braun und Beige

Hellbeige, Champagner, Honig, Camel, Zimt, Muskat, Goldbraun und milchiges Schokoladenbraun.

Gold und Gelb

Gelbbeige, Sonnenblumengelb, Dottergelb oder Bananengelb eignen sich als Akzentfarben. Das leuchtende Maisgelb steht Ihnen gebräunt ausgezeichnet.

Grün

Gelbgrüne Schattierungen reichen von Pistaziengrün bis zu leuchtenden Farben wie Lindgrün, Maigrün oder Apfelgrün. Je intensiver die Farben, desto kräftiger sollten Haut, Augen und Haare pigmentiert sein.

Blau

Blautöne reichen von Flieder-, Usambara-, Veilchen-, Hyazinthen- bis hin zum Kornblumenblau. Sie können viele Aquamarin- und Türkistöne tragen. Marineblau bietet sich als klassische Grundgarderobenfarbe an.

Grau

Ihre Grautöne sollten warm wirken und leicht gelblich sein. Graubeige (Greige) steht Ihnen gut. Sollten Sie kühle Grautöne wie Anthrazit oder Silbergrau bevorzugen, kombinieren Sie diese in Gesichtsnähe mit weichen und warmen Farben.

Rosa und Pfirsich

Alle Schattierungen von Hummer-, Pfirsich-, Korallen-, Lachsrosa und gelblichen Rosatönen passen ausgezeichnet zu Ihnen.

Rot

Wählen Sie gelbgrundige Rottöne: Hummer-, Korallen-, Flamingo-, Klatschmohn- und Orangerot. Je stärker der Rotton, desto kräftiger sollten Haut und Haare pigmentiert sein.

Schmuckfarben

Wählen Sie Schmuckfarben, die eine harmonische Verbindung mit Ihrem Hautunterton eingehen. Wenn Sie nicht ausschließlich Gold tragen möchten, wählen Sie Schmuckstücke in Bicolor und Materialien, die Ihre Körperfarben aufgreifen.

Muster

Warm und hell: Die Farben zeigen sich weiblich und verspielt. Sie müssen nicht unbedingt ein Blümchenkleid besitzen. Doch Stoffe mit floralen und orientalischen Mustern und Motiven in weicher Farbigkeit stehen Ihnen einfach gut. Die Stoffe, die Sie wählen, sind so weich, fließend und geschmeidig wie Ihre Farben.

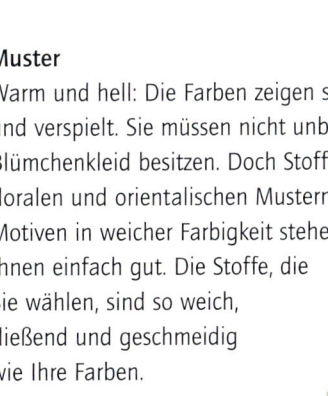

137

Schöne Farben für warme dunkle Farbtypen

Cremebeige

Ein helles, warmes Beige, Vanille oder Champagner ersetzt Hartweiß und bringt Ihren warmen Hautunterton gut zur Geltung.

Braun

Sie können jedes gelb- und rotgrundige Braun tragen und es zu einer vielseitig kombinierbaren Basisfarbe machen. Sandfarben, Braunbeige, Kamelhaar, Ocker, Honiggold, Kaffeebraun, dunkles Schokoladenbraun, Rost- und Mahagonitöne gehören in Ihre Braunpalette.

Gold und Gelb

Sonnenblumengelb, Bananengelb, dunkles Maisgelb und Curry sind schöne Akzentfarben. Wählen Sie diese in Verbindung mit edlen Stoffen; diese Farben können sonst leicht billig wirken.

Grün

Wählen Sie dunkle Grüntöne als Basisfarben. Selbst ein kühles Tannengrün wirkt an Ihrer Haut schön. Olivtöne, Moosgrün, Lodengrün, Schilf und Khaki eignen sich hervorragend als Grundfarben für Ihre Garderobe.

Blau

Das von der Natur aus kühle Blau geht eine schöne Verbindung mit Ihrer Haut ein, wenn es dunkel und stumpf ist. Dunkles Türkis, Petrol, Lavendelblau und Pflaumenblau lassen sich mit den warmen Naturfarben kombinieren.

Grau

Muss gelblich unterlegt sein.

Pfirsich und Lachs

Sie können sehr schön dunkle Lachs- oder Pfirsichtöne als Akzentfarben einsetzen. Blaugrundige Rosatöne wirken – direkt an der Haut – unvorteilhaft. Kombiniert mit warmen und erdigen Tönen können diese wiederum schön aussehen.

Orange und Rot

Sie können alle erdigen, tiefen Rottöne wie Zinnoberrot, Terrakotta, Ziegelrot, Kupferrot oder Rostrot tragen. Als Eyecatcher bieten sich Orangerot, intensives Braun-orange oder Kürbisgelb an.

Schmuckfarben

Gelb- oder Rotgold, Messing oder Bronze gehen eine harmonische Verbindung mit Ihrer Haut ein. Auch Holz, Kork oder Leder passen gut zu Ihren Farben.

Muster

Warm, erdig und dunkel: Ihre Farben zeigen sich ausdrucksvoll und naturverbunden. Karos, Streifen und ethnisch inspirierte Muster und Motive ergänzen den Charakter der Farben. Strukturierte Stoffe wie Cord, Noppenstoffe, Tweed oder Strick stellen eine Alternative zu Mustern dar.

139

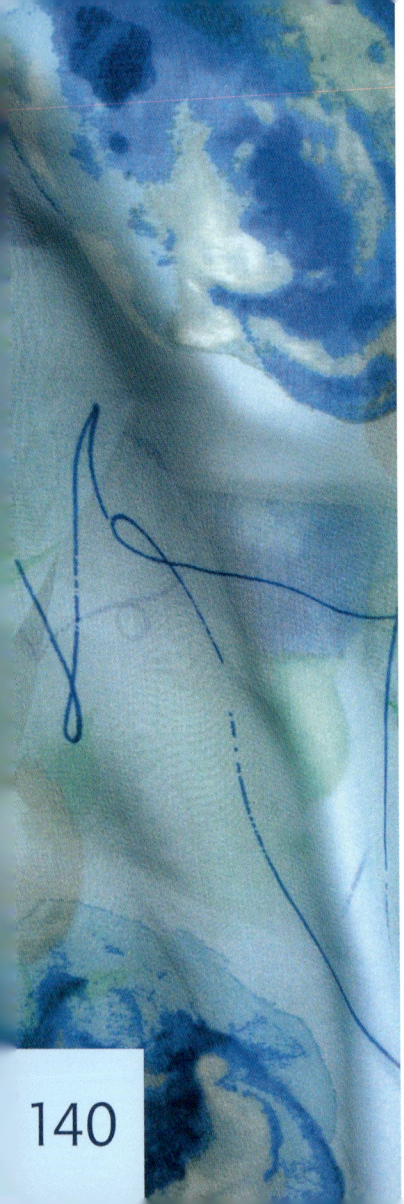

Schöne Farben für kühle helle Farbtypen

Austernweiß

Das Weiß, das Ihnen am meisten schmeichelt, ist rosig unterlegt. Es enthält weniger Blau als das Schneeweiß. Gut gebräunt sehen Sie auch in Schneeweiß gut aus.

Beige und Braun

Ihr Beige hat einen rosafarbenen Unterton. Ihre Brauntöne schmeicheln Ihnen besonders dann, wenn sie rötlich und kühl abgetönt oder gedämpft gräulich sind.

Gelb

Wenn Gelb – dann helles Zitronengelb als Akzentfarbe. Gut gebräunt geht auch Bananengelb und Goldgelb.

Grün

Ihre Grüntöne sind bläulich unterlegt; sie reichen von Aqua, Pastell- oder Mintgrün bis Petrolgrün.

Haben Sie grüne oder haselnussbraune Augen? Tragen Sie Grün!

Blau

Dunkelblaunuancen bieten sich als Basisfarben an. Ihre Palette der Blautöne reicht von Hellblau, Taubenblau, Wasserblau, Jeansblau bis Grau- oder Stahlblau.

Grau

Sie können alle graublauen und silbergrauen Farbtöne von hell bis dunkel tragen. Sie sollten bei gelblichen Grautönen jedoch vorsichtig sein.

Rosa

Ihre Rosatöne basieren auf Blau. Sie reichen von Altrosa, Rosenholzrosa, Puderrosa bis Dunkelrosa. Tragen Sie doch mal Orchidee, Malve oder Fuchsia.

Rot

Erikarot, Himbeerrot, Brombeerrot, Wassermelone oder Weinrot. Ihre Rottöne sind bläulich unterlegt. Pflaumenblau ist ein gräuliches Lila, nicht so intensiv oder dunkel wie das Dunkelviolett.

Schmuckfarben

Silber, Weißgold oder Platin gehen eine schöne Verbindung mit Ihrem bläulichen Hautunterton ein. Wenn Sie nicht ganz auf Gold verzichten möchten, tragen Sie Bicolor. Perlmuttschmuck und rosige Perlen stehen Ihnen ausgezeichnet.

Muster

Hell, kühl, zurückhaltend: Die klassische Eleganz in den Farben findet sich auch in den Mustern wieder. Kleine und mittlere Streifen, Karos, Punkte, ornamentale Muster sowie alle Muster- und Motiv-Klassiker finden sich in Ihren Tüchern und Schals wieder. Bei der Wahl der Stoffe sollten Sie ebenso verfahren: Tragen Sie edle Naturmaterialien, hochwertige Mischgewebe und vermeiden Sie Extreme.

Schöne Farben für kühle intensive Farbtypen

Weiß

Sie können Schneeweiß tragen. Ist Ihre Haut sehr hell, wählen Sie das weichere Austern- oder Wollweiß.

Schwarz

Sie können Schwarz auch in Gesichtsnähe tragen, da ein kontrastreiches Aussehen zu Ihnen besser – als zu jeder anderen Frau – passt. Weniger hart wirken Anthrazit oder Dunkelblau.

Grau

Ihre Grautöne reichen von Anthrazit oder Schiefergrau bis Eisgrau. Am schönsten passen Grautöne, die keinen gelblichen Unterton haben. Wenn Ihr Haar ergraut, werden Sie blaugraue Töne hinzufügen.

Blau

Marineblau passt gut zu Ihnen. Auch Chinablau, Königsblau, Lagunenblau und Türkis – alle dunkel und leuchtend.

Grün

Ihre Grüntöne reichen von Türkis- über Smaragd- bis Russisch- oder Tannengrün. Das Tannengrün ähnelt dem Flaschengrün des Herbstes, doch es geht ins Bläuliche statt ins Gelbliche. Sie erkennen den Unterschied, wenn Sie beide Farben miteinander vergleichen.

Gelb

Tragen Sie ein klares Zitronengelb. Wenn Sie Gold nicht lassen können, dann kombinieren Sie es mit Schwarz, Anthrazit oder Marineblau.

Rot

Ihre Rottöne sind leuchtende, echte oder blaurote Farbtöne, einschließlich Weinrot.

Rosa- und Lilatöne

Die Rosa- und Lilatöne sind intensiv. Das „Shocking-Pink" und das kräftige, dunkle Pink sollten Sie gut dosieren.

Eisfarben

Tragen Sie Eisblau, Eisrosa, Eisgrün, Eisgelb oder Eisaquamarin usw.

Schmuckfarben

Silber, Weißgold, Platin oder weiße Perlen gehen eine schöne Verbindung mit Ihrem bläulichen Hautunterton ein. Auf einer olivfarbenen Haut wirkt auch mattiertes Gold gut.

Muster

Intensiv, klar und blaugrundig wie die Farben. Je kontrastreicher, geometrischer und eindeutiger das Muster oder Motiv, desto überzeugender wirken Sie darin. Kurzen und runden Figuren sind bei groß gemusterten Kleidungsstücken optisch Grenzen gesetzt. Nicht so bei Tüchern und Schals. Hier können Sie Ihre Lust auf großzügige Muster voll ausleben. Wenn Sie sich gar nicht für Muster begeistern können, gönnen Sie sich raffinierte und extravagante Effekte in Stoffoberflächen.

143

Mein hässliches Entlein

Meine Tochter war gerade drei Jahre alt und sah wirklich aus wie das hässliche Entlein aus dem Märchen. Ihre hellblonden, fusseligen Haare hingen strähnig um ihr Köpfchen. Das Rotznäschen lief unentwegt. Und wie blass sie immer aussah! Ganz farblos und grau. Doch ich wusste genau: Irgendwann würde aus ihr ein hübscher Schwan werden! Sie war noch zu klein, um sich selber Anziehsachen auszusuchen. So kleidete ich sie liebevoll in meinen Lieblingsfarben: In leuchtenden Pink- und Rosatönen, in Dunkelblau, oft mit Weiß kombiniert und in kräftigen Grüntönen.

Eines Tages schickte meine Mutter per Post einen lachsrosafarbenen Jogginganzug für sie. „Igitt!", dachte ich. Doch geschenkt ist geschenkt und Müttern widerspricht man nicht so einfach. Und teuer war der Anzug bestimmt auch gewesen. Also, rein mit dem Enkelkind. Erstaunlich,

wie gut ihr dieser olle Jogginganzug zu Gesicht stand. Nicht mehr farblos und grau, sondern rosig angehaucht leuchteten ihre Wangen. Sie blühte förmlich darin auf! Dann kam unser drittes Kind zur Welt und bei mir herrschte großer Zeitmangel. Mein „kleines Entlein" brauchte dringend einen neuen Frühlingsanorak. Doch ich hatte weder die Kraft noch die Lust, mit zwei Kleinkindern und einem Säugling einkaufen zu gehen! Meine Schwiegermutter löste ein paar Tage später mein Problem und nahm die Kleinen in ihre Obhut. Ich rannte schnell in das nächste Kaufhaus, um einen Anorak zu ergattern. Aber dort angekommen, konnte ich mich nicht entscheiden. Vielleicht waren sie zu groß oder zu eng oder...
Die Verkäuferin bemerkte meine Not: „Nehmen Sie doch einige zur Auswahl mit." Etwas ungläubig stammelte ich: „Ja wirklich, darf ich? Also: Der Knallrote und der Dunkelblaue und der Tannengrüne, die gefallen mir sehr gut

und der Orangerote, der hat vielleicht die richtige Größe
– aber die Farbe ist scheußlich." Die Verkäuferin redete
mir zu: „Das kostet Sie doch gar nichts. Nehmen Sie die
paar mit und probieren Sie die Anoraks mit Ihrer Tochter
in Ruhe an."

Bei meinen Schwiegereltern angekommen, breitete ich
alle Anoraks auf dem Doppelbett im Schlafzimmer aus,
rief meine kleine Tochter herein und bat sie anzuprobie-
ren. Sie ging zielstrebig auf den orangeroten Anorak zu,
nahm ihn und sagte: „Diesen!" Ich schaute sie fassungs-
los und ungläubig an. „Diesen?" Insgeheim dachte ich:
„Hätte ich den doch einfach hängen lassen!" Genau nur
diesen wollte sie haben. Alle anderen Anoraks ignorierte
sie komplett. Und sie war selbstbewusst, zielsicher und
willensstark. Ich tröstete mich. Immerhin war dies der
preisgünstigste gewesen. Und, ich musste zugeben, obwohl
ich den Anorak selber scheußlich fand, war der Anblick
meiner kleinen Tochter, die ihn nun trug, lebendig und
fröhlich.

Erst viele Jahre später begriff ich: Mir stehen die blau-
grundigen, kühlen, gedeckten Farben. Meiner Tochter
dagegen stehen die warmen, gelbgrundigen Farben. Und
schon als Kleinkind war sie sich instinktiv ihres Farbtyps
bewusst.

Mein armes Kind! Was für ein Glück, dass es sich
so vehement gegen mich durchsetzte. Denn wir haben
beide soviel über die Wirkung von Farben dazugelernt.
Aber in einer Beziehung hatte ich damals doch Recht:
Mein hässliches Entlein hat sich nämlich mittlerweile
zu einem sehr hübschen Schwan entpuppt!

■ Nicht alle teilen Ihren Farbgeschmack.
Erst recht nicht Ihr eigenes Kind.

■ Kinder haben einen intuitiven Zugang
zu ihren Farben und ihrem Stil.

■ Lassen Sie Ihr Kind öfter selbst auswählen.
Das gilt auch für andere Familienmitglieder.

Farben ohne Grenzen

Haben Sie sich in mehreren Farbfamilien wiedergefunden? Reicht Ihnen eine Farbfamilie nicht aus? Möchten Sie einige „unvorteilhafte" Farbvorlieben nicht aufgeben?

Werden Sie kreativ und spielen Sie mit zwei Farbkonzepten. Am unkompliziertesten lassen sich alle warmen, gelbstichigen Farben sowie alle kühlen, blaustichigen Farben miteinander kombinieren.

Warme, helle Farbtypen finden oft in den warmen, dunkleren Farbtönen Kleidungsstücke für den Beruf und sportliche Freizeitaktivitäten. Die dunklen und gedeckten Farben haben nicht einen so hohen Wiedererkennungswert, lassen sich gut untereinander und mit fruchtigen Akzentfarben kombinieren und man sieht sich weniger schnell dran satt. Umgekehrt bieten die hellen Farben frische und lebendige Farbkleckse.

Kühle, helle Farbtypen, die sich nach kontrastreicheren Farben sehnen, finden diese in der kühlen, intensiven Farbpalette. Suchten Sie nach Schwarz? Kombinieren Sie dieses Allroundtalent mit kühlen, weichen und schmeichelnden Pastellfarben in Gesichtsnähe. Was bietet sich da besser an als ein Tuch oder Schal?

Fühlen Sie sich zu warmen und kalten Farben hingezogen und Ihre Körperfarben finden sich in beiden wieder? Sie tragen gerne Oliv zu Weiß oder Beige zu Schwarz? Einen cognacfarbenen Hosenanzug kombinieren Sie mit einem schwarzen Rolli, eine olivenfarbene Hose mit Rosa und bekommen ständig Komplimente für diese Farbzusammenstellungen?

Wenn Sie Businessgarderobe benötigen, werden Sie den kühlen, intensiven Farben den Vorzug geben. In Ihrer Freizeit dominieren die warmen Naturfarben. In Tüchern und Schals können Sie die Vorliebe für Warm-Kalt-Kontraste hervorragend ausleben. Auch in anderen Accessoires werden spannende Farbzusammenstellungen angeboten, die oben aufgeführte Farbharmonien neu definieren.

Sie tragen abwechselnd Apricot und Rosa, sehen in beidem gut aus und fühlen sich in beidem wohl? Im Sommer werden Haut und Haare – dank Sonne – goldener, im Winter blasser und dunkler? Sie können sich zwischen kalten und warmen Farben nicht entscheiden, wissen aber, dass die Farben hell und nicht grell sein dürfen? Sie haben ein Faible für Blau und helle Naturtöne? Tragen Sie vorwiegend helle Farben – kalt oder warm, aber immer weich.

Farben und Muster – was passt zusammen?

Um ein Farbmuster danach zu beurteilen, ob es Ihnen
steht, betrachten Sie den Gesamteindruck der Farbigkeit
– nicht die einzelnen Farbtöne. Prüfen Sie das Muster
an Ihrem Gesicht. Überzeugt es Sie? Betrachten Sie das
Muster im Zusammenspiel mit den dazu getragenen
Kleidungsstücken. Harmoniert es und belebt es das
Outfit? Legen Sie das Tuch vor sich hin und kneifen die
Augen zusammen, bis die Farben zu verschwimmen
beginnen. Was für Farben und Muster sehen Sie noch?
Entsprechen diese noch der gewünschten Farbdynamik?

Gemustert zu ungemustert

Sie tragen einen braunen Rock, einen beige-braun
gemusterten Blazer und ein beigefarbenes Shirt. Schuhe
und Strümpfe farblich abgestimmt. Jetzt kann das einfarbige Tuch entweder die Farben der Kleidungsstücke
aufnehmen, das wirkt sehr edel und zurückhaltend, oder
eine Kontrastfarbe haben.

Zu viel Harmonie kann langweilig, zu starke Kontraste
können zu kurzlebig sein. Ziehen Sie zum Kauf eines
Tuchs die Kleidung an, die es später schmücken wird.

Groß gemustert zu klein gemustert

Sie tragen das eben beschriebene Outfit, der Blazer
ist klein kariert. Wählen Sie für das Tuch oder den Schal
durchaus auch mal ein großzügiges Muster.

Zweimal Muster ist genug! Diese Regel empfiehlt sich
für eine klassische Grundgarderobe noch heute. Ein
gemustertes Tuch und ein weiteres Muster in Ober- oder
Unterteil. Das restliche Outfit sollte einfarbig gehalten
sein. Nur wenn Sie es ausgefallener lieben, vergessen
Sie diese Regel wieder.

Was bedeutet eigentlich … ?

Ajouré
Musterungen, die durch kleine sichtbare Durchbrüche im Stoff entstehen.

Allover
Muster und Motive, die den ganzen Stoff bedecken.

Animal Print
Druckmuster, die Tierfellen oder Tierhäuten nachempfunden sind oder Motive mit Tierdarstellungen.

Applikationen
Schmuckornamente, die auf den Stoff aufgeklebt oder aufgenäht werden (z.B. Anker, Wappen, Stoffstückchen).

Ausbrenner
Abwechselnd dichte und durchsichtige Stoffpartien bilden die Muster. Durch Aufdruck von Ätzflüssigkeiten werden die Muster ausgebrannt: Es hört sich gefährlicher an, als es ist, denn die Chemikalien werden sofort wieder aus dem Stoff ausgewaschen.

Batik
Musterflächen wirken verschwommen und sind von Farbadern durchzogen. Können Sie selber mit Wachstechnik auf Seide herstellen.

Berberstreifen
Markante Streifen in hellen und dunklen Naturtönen.

Bicolor
Zweifarbig

Bordüre
Schmückt als Musterstreifen nur einen Teil des Stoffes, meistens die Kante, dient als Abschlussmotiv.

Camouflage-Muster
Fleckenmuster in Laub- und Erdtönen. Erinnert an Tarnmuster von Militäruniformen.

Checks
Englischer Begriff für Karos.

Exotik-Muster und -Motive
Große, dekorative Blätter, Blumen, Tiere und Fantasiemuster in kräftigen Farben oder warmen Gewürzfarben schmücken den Stoff. Auch Dschungel-Muster genannt.

Faux-Unis

Falsches Uni. Klein gemusterte Stoffe, die auf den ersten Blick einfarbig wirken.

Florale Muster und Motive

Alles, was die Pflanzenwelt zu bieten hat: Blätter, Gräser, Ranken, Blumen etc.

Gobelin-Dessin

Muster im Stil alter Wandteppiche und Stuhlbezüge, in verblassten Farben.

Grafics

Alle Arten von grafischen Mustern.

Hahnentritt

Die abgewandelten Kleinkaros erinnern an eine Hahnenkralle, woraus sich der merkwürdige Name ableitet.

Hawaii-Muster

Farbenfrohe, große Muster mit tropischen Blumen oder Südseeimpressionen.

Heraldische Muster

Motive aus der Wappenkunde.

Hermès-Druck

Tücher-Dessins mit ursprünglich figürlichen, vom Pferdesport oder der Wappenkunde inspirierten Darstellungen.

Liberty-Muster

Zierliche Paisley-, Jugendstil- und Blumenmuster in zarter Farbigkeit.

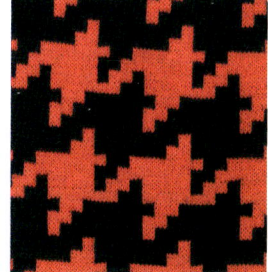

Lochstickerei

Umstickte kleine Löcher oder Blüten bilden Muster oder Durchbrüche.

Mikromuster

Winzig (mikroskopisch) kleine Muster.

Millefleurs

Französisch: tausend Blumen. Allover-Muster mit kleinen, dicht gestreuten Blümchen.

Motive

Die einen nennen es Kunst, die anderen Kitsch. Beim Zusammenlegen ist das Motiv jedenfalls weg, dann lieber zur Dekoration aufs Beistelltischchen oder die Stuhllehne hängen. Ein Unikat kann man auch auf Leinwand aufziehen lassen. Dann haben Sie jedenfalls etwas davon.

Norwegermuster

Mehrfarbige Strickmuster, oft als Bordüren angeordnet. Typische Muster und Motive: Eiskristalle, Rentiere und andere winterliche Impressionen.

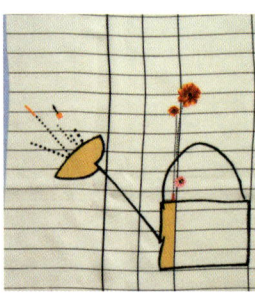

Op-Art-Muster

„Optical Art", eine Kunstrichtung der zweiten Hälfte des 20. Jahrhunderts. Die geometrisch angelegten Muster und Farbflächen wirken dreidimensional und täuschen bei längerem Hinsehen Bewegung vor. So ging es auch Mogli mit der Schlange Ka.

Ornamentale Dessins

Kunstvoll verschlungene Schmuckformen aus unterschiedlichen Kulturkreisen und Stilepochen, in allen Farben und Größen.

Paisley

Verschnörkelte, nierenförmige, palmsprossenartige Formen, orientalisch inspiriert. Auch Kaschmir- oder türkisches Muster genannt.

Patchwork

Flickenartiges Web- und Druckmuster. Verschiedene Muster und Farben werden aus unterschiedlich großen Stofflappen aneinander genäht oder sehen zumindest so aus.

Punkte

Ein Klassiker unter den Mustern. Je größer der Punkt, desto auffälliger.

Pyjamastreifen

Streifenmuster, wie sie für klassische Herrenschlafanzüge verwendet werden.

Semitransparent

Dichte und transparente Stellen wechseln im Outfit oder Muster einander ab, halbdurchsichtig.

Tapisserie

In Handarbeit oder Handarbeitsoptik hergestellte dekorative Spitzen und Stickereien.

Geschmacksstoffe

Die Auswahl an Naturfasern, Chemiefasern und Mischungen aus beiden ist heute so vielfältig, dass für jeden Geschmack etwas dabei ist. So verschiedenartig unsere Geschmäcker sind, so unterschiedlich fallen auch die Anforderung aus, die wir an einen Stoff stellen. Einen nicht ganz perfekten Schnitt kann man vielleicht noch ändern lassen, eine ungünstige Blusenfarbe durch ein typgerechtes Halstuch auffangen. Doch wenn Sie sich in einem Stoff nicht wohl fühlen, bleibt das daraus gefertigte Stück ungeliebt und ungetragen. Bei der Anprobe eines Stoffes – das gilt auch für Tücher und Schals – sollten Sie folgende Fragen mit „Ja" beantworten können. Wenn nicht – lassen Sie lieber die Finger davon:

- Fühlt sich der Stoff gut auf der Haut an?

- Passt er zu mir und meiner Figur?

- Ist er waschbar?

- Wenn nicht, lasse ich ihn gerne reinigen?

- Eignet er sich für den geplanten Zweck?

- Passt er zu meiner vorhandenen Garderobe?

- Leicht knitternde Stoffe knittern edel?

Alpaka
Feines, weiches und glänzendes Edelhaar des süd-
amerikanischen Schafkamels.

Angora
Stammt vom Angorakaninchen. Sie ist die leichteste
Naturfaser überhaupt. Die Geschmeidigkeit übertrifft
die der Naturseide. Sie ist wasserabstoßend, weich und
leicht und somit hervorragend für Schals geeignet.
Nichts für Allergiker – hatschi!

Batist
Feines Gewebe aus Baumwolle oder Fasermischungen.
Schon ein geringer Polyester-Anteil lässt den Stoff
weniger knittern und macht ihn pflegeleichter.

Baumwolle
Gewebe aus Baumwollfaser. Sie kommt meistens aus
den USA. Speichert viel Feuchtigkeit, ist hautfreundlich,
reißfest und luftdurchlässig. Nachteil: Baumwolle
knittert sehr schnell und läuft ein.

Bouclé
Typisch sind die schlingenförmigen (auch mehrfarbigen)
Verdickungen im Stoff.

Changeant
Durch das Verweben verschieden farbiger Garne schillert
der Stoff je nach Blickwinkel und Lichteinfall in unterschiedlichen Farben.

Chiffon
Transparentes, feines Gewebe aus Seide oder Chemiefasern. Wenn Sie den Stoff zwischen den Fingern reiben,
fühlt er sich körnig, sandig an.

Crêpe
Stoff, der sich körnig, kraus und porös anfühlt.

Crêpe de Chine
Feines Seidengewebe, glänzt dezent, fällt fließend
und hat einen körnigen, sandigen Griff.

Crinkle
Stoff mit Knittereffekt. Muss man mögen!

Cupro
Zellulosische Chemiefaser, ist etwas fester als Viskose,
hat eine seidige Optik und einen fließenden Fall.

Denim
Fester, dichter Baumwollstoff – Jeansstoff.

Flanell

Das feine Wolltuch wird ein- oder beidseitig angeraut, so bekommt es einen angenehm weichen Griff. Nachteil: Es ist empfindlich und filzt schnell.

Georgette

Leichtes Crêpe-Gewebe aus Seide oder Seidenoptik. Typisch: unregelmäßige Oberfläche mit körnigem und porösem Griff.

Jersey

Sammelbegriff für unterschiedlichste Arten von Maschenware.

Kamelhaar

Das beige-gelbliche Kamelhaar ist sehr dicht und speichert Wärme sehr gut. Wegen des hohen Preises wird es oft mit feiner Merinowolle verwebt.

Kaschmir

Wertvolles, seidig feines, geschmeidiges dichtes Unterhaar der Kaschmirziege. Dank ihres rauen Lebensraums in Tibet und China verfügt der aus ihrem Haar gefertigte, feine Stoff über ausgezeichnete Wärmeeigenschaften.

Lambswool

Die erste Schur des Schafes im ersten Lebensjahr. Lambswool ist sehr empfindlich und pflegeintensiv.

Leinen

Leinen wird aus Flachsfasern gewonnen. Durch die körnige Gewebestruktur der Leinwandbindung kühlt es bei Hitze und ist so der ideale Stoff für sommerliche Temperaturen. Dennoch eignet sich Leinen nur bedingt für ganze Outfits. Allein in kreativen Kreisen knittert es edel.

Lurex

Glitzergarne, metallglänzende Effektgarne.

Merinowolle

Hochwertige, weiche, feine, sehr elastische Wolle, vor allem aus Australien und Südafrika. Wegen seiner Leichtigkeit gerne für Bekleidung verwendet.

Mikrofaser

Synthetische Fasern aus unterschiedlichen Chemiefasern, je nach Verwendungszweck. Mikrofasern sind feiner als Naturseide und die feinsten Fasern überhaupt.

Mohair

Langes, leichtes, glänzendes Haar der Angoraziege. Wird meistens zusammen mit Schurwolle verarbeitet. Hält gut warm, ist leider wenig strapazierfähig. Es sollte liebevoll gepflegt werden.

Modal

Chemiefaser aus Zellulose, fester als Viskose, Eigenschaften ähnlich der Baumwolle.

Pashmina

Weicher Flaum, der zwischen den Haaren der Chyangra-Bergziege eingebettet ist. Aufgrund des rauen Klimas und der langen harten Winter im Himalayagebirge, hat die Ziege im Laufe der Evolution ein einzigartiges warmes und dichtes Fell entwickelt. In aufwändiger filigraner Handarbeit werden die kleinen Fasern gezupft und zu einem Flies gekämmt.

Peau de Peche

Französisch: Pfirsichhaut. Der Stoff fühlt sich, dank geschmirgelter und gerauter Oberfläche, wie eine Pfirsichhaut an. Muss man anfassen können!

Perlon

Polyamidfaser, die sehr reißfest ist.

Pfeffer und Salz

Schwarze und weiße Fäden bilden ein Muster, das einer Restauranttischdecke nach dem Gebrauch von Salz und Pfeffer ähnlich ist.

Pilling

Lästige Knötchen bei Synthetik oder Wolle. Entstehen durch Reibung beim Tragen des Stoffes. Schneiden Sie die Knötchen mit einer Nagelschere ab.

Plissee

Schmale Falten, die dauerhaft in ein Gewebe gepresst werden. Gleiche Optik: Legen Sie Ihr Tuch ziehharmonika-artig zusammen und fixieren Sie die Falten durch Bügeln – nicht dauerhaft.

Polyacryl

Chemiefaser mit wollähnlicher Optik, wärmend, auch Beimischung von Wollstoffen.

Polyamid

Scheuer- und reißfeste, knitterfreie und schnell trocknende Chemiefaser. Pur oder als Beimischungen in Stoffen verwendet. Neigt zum Pillen. Nicht zu heiß bügeln!

Polyester

Chemiefaser, nimmt wenig Feuchtigkeit auf und trocknet sehr schnell, pflegeleicht. Polyestermischungen verringern die Knitteranfälligkeit der Wollstoffe und machen sie formbeständiger. Lycra-Anteile halten die Form und verleihen Elastizität. Absolut koffertauglich.

Seide

Tierische Faser aus dem Kokon des Seidenspinners. Kein Wunder, dass wir Seide lieben. Sie ist leicht, reißfest, saugfähig, temperaturausgleichend, antistatisch und glänzt edel. Leider ist sie gegen Licht und Schweiß empfindlich.

Shetlandwolle

Sehr strapazierfähig, von Schafen der Shetlandinseln.

Strick

Textilien aus Maschenwaren.

Synthetics

Chemiefasern aus den Rohstoffen Erdöl und Erdgas. Sie sind reiß- und scheuerfest und trocknen schnell, saugen aber den Körperschweiß nicht auf. Sie neigen dazu, sich elektrostatisch aufzuladen und zum Pilling. Entfernen Sie die kleinen Knötchen mit einem Trockenrasierer oder einer Nagelschere.

Taft

Etwas steifes Gewebe mit seidiger Optik. Aus Seide oder Chemiefasern. Leider ist Taft knitteranfällig.

Techno-Denim

Denim aus Baumwolle und Polyamid oder Polyester. Nicht nur Jeans werden bequemer.

Tweed

Das kräftige Wollgewebe ist eine Erfindung der Kelten. Später machten es Mönche durch Walken im schottischen Fluss Tweed wetterfest. Da Tweed wesentlich dicker und strapazierfähiger ist als andere Wollstoffe, findet man ihn in den Herbst-Winter-Kollektionen vieler Modedesigner. Typisch: Unregelmäßige Verdickungen der Garne.

Twill

Festes Gewebe, charakteristisch: die diagonale Struktur. Aus Baumwolle, Seide oder Chemiefasern.

Velveton

Kräftiges Baumwollgewebe mit samtartiger Oberfläche.

Viskose

Chemiefaser aus Zellulose mit seidigem Glanz. Fühlt sich weich an. Neigt leider zum Einlaufen und Pilling.

Voile

Schleierartiges, zartes Gewebe aus Baumwolle oder Wolle. Charakteristisch: der körnige Griff.

Wolle

Qualitätswolle kann bis zu 40 Prozent ihres Eigengewichts aufnehmen, ohne dass der Träger etwas davon merkt. Gleichzeitig gibt sie nur sehr langsam die Körperwärme nach außen ab. So kühlt der Körper nicht aus, die Wärme bleibt erhalten. Es gibt zwei Arten von Wolle, die von Schafen und die von schafähnlichen Tieren.

Zellulose

Bestandteil der Zellwände von Pflanzen. Aus den Fasern lassen sich zellulosische Chemiefasern herstellen: Acetat, Cupro, Modal und Viskose.

Es ist schon Jahre her. Genau genommen sieben Jahre. Als Referentinnen waren wir beide bei einer Farb- und Stilberatungsfirma in Düsseldorf angeheuert. Meine Aufgabe war es, kreative und fantasievolle Tuchbinde-ideen zu zeigen. Heike Rüther referierte zum Thema: Figur und Stil. Wir hörten gegenseitig unseren Ausführungen zu. Mir gefiel die junge, schlanke, agile Frau im schwarzen, kurzen, eng anliegenden Kleid auf Anhieb. Ihre Lebendigkeit, ihr Charme, ihr Esprit und ihre Lebhaftigkeit faszinierten mich. Ihre Ausführungen waren kompetent und präzise, ihre Sprache rasch und gewandt. Man merkte ihr an, das Thema war ihr vertraut, sie hatte viele inspirierende Ideen und viel Know-how.

Wir unterhielten uns kurz nach unseren Vorträgen. Ihre Anregung, das kreative Tücherbinden auch einmal im Zusammenhang mit Figur und Stilpersönlichkeit einzelner Frauen zu beschreiben, nahm ich interessiert zur Kenntnis. Mit leuchtendem Blick schwärmte sie sogleich weiter. Ein Buch sollte es sein mit vielen Zeichnungen und Fotos von „normalen" Frauen, nicht „idealen" Frauen, wie Models sie darstellen. Abbildungen von der Nachbarin nebenan, die einen Stiernacken hat und der Kundin, die zu ihr in die Farbberatung kommt, lang und dünn, männlich markant, kantig, rundlich, bauchig, kurzbeinig, langhalsig, Frauen mit einem Megabusen und

Frauen, die im Brustbereich platt sind wie eine Briefmarke. Und was machen wir mit den Frauen, die behaupten, genau ihnen stehen keine Tücher? Was mit den Frauen, die ihre Schublade mit schönen Tüchern gefüllt haben und nicht wissen, wie sie diese tragen sollen, sinnierten wir sogleich weiter…

Wir blieben weiter in Kontakt. Sie bestellte mein Erstlingswerk: „Das Buch vom Tuch – Tücher und Schals phantasievoll gebunden" und setzte es in ihren Schulungen ein. Dann war es soweit. Der Tag war gekommen, an dem ich entschied, dass nun endlich die Idee von damals in die Tat umgesetzt werden sollte. Ein Buch mit Tipps zum kreativen Tücherbinden, gezielt abgestimmt auf das Aussehen und die Figur der Trägerin, musste her. Ich rief Frau Rüther an und ihre Antwort war positiv. Ich hatte sie genau im richtigen Lebensmoment erwischt. Sie hatte Lust etwas Zusätzliches, Neues in Angriff zu nehmen. Bingo! Wir waren uns am Telefon schnell einig und verabredeten uns sogleich zu einem ersten Treffen. Diesem folgten in rascher Aufeinanderfolge weitere.

Wir warfen uns die Bälle gegenseitig zu. Eine Idee ergab die nächste, wurde dann wieder verworfen und neu gesponnen. Wir ergänzten uns prima. Die Zusammenarbeit war gegenseitig befruchtend, spaßvoll und optimistisch.

Unsere beiden Köpfe kreierten mehr Ideenfäden, als jede Einzelne von uns jemals alleine hätte spinnen können. Es war wie mit einer elektrischen Batterie. Viele Batterien liefern mehr Kraft als eine einzige. Die Leistung einer einzigen Batterie wächst mit der Anzahl ihrer Zellen. So ging es uns beiden. Wir steckten unsere Köpfe zusammen und das Schreiben machte Spaß.

Die Einwände von Freunden und Nachbarinnen, die in die neue Idee vorsichtig eingeweiht wurden, waren unterschiedlich. Es gab Zustimmung und das Versprechen, das fertige Buch sofort zu kaufen und Nachdenkliches wie: „So ein Buch braucht doch niemand…" Stimmt, so ein Buch braucht niemand. Ich brauche wirklich nur die Sachen, die ich auch mit auf eine Flucht nehmen würde, und dennoch schreiben wir dieses Buch. Denn der Inhalt hat etwas mit Lebensfreude zu tun, mit

Ihrer Schokoladenseite, mit Selbstbewusstsein, dem selbstbewussten und gekonnten Tragen von Tüchern an den richtigen Stellen, mit einem guten Lebensgefühl, mit Wohlbefinden, mit einer guten, positiven Ausstrahlung. Das sind Gefühle, die ich auch gerne auf eine Flucht mitnehmen würde.

Also brauchen wir die Tipps in diesem Buch doch – oder was meinen Sie? Über Ihre Rückmeldung würden wir uns freuen – auch über neue weitere Ideen und Anregungen. Wir freuen uns auf den Kontakt mit Ihnen, liebe Leserin und Tuchfreundin. Und nun viel Spaß beim Tragen von Tüchern und Schals und beim täglichen zur Schaustellen Ihrer ganz persönlichen Schokoladenseite.

Ihre

Christiane Keller-Kirsche

Man nehme…

- 8 Pakete Kopierpapier zu je 500 Blatt
- 4 dicke Klebestifte
- 2 Satz Farbtintenpatronen
- 6 Stapel Haftnotizzettel
- diverse Textmarker
- Humor, Geduld und viele Tücher…

dazu eine große Portion Zeit und eine Prise schlafloser Nächte.

Anleitung:

Kündige sämtliche anderen Aktivitäten und Jobs und beginne zu recherchieren, zu schreiben und zu zeichnen. Rechne mit Virenbefall, der mal den einen, mal den anderen Computer lahm legt. Akzeptiere überfüllte Festplatten, verlorene Zugangsdaten zum Internet und weitere Unannehmlichkeiten.

Frisch gedruckt liegt das Ergebnis nun vor Ihnen. Wir genossen unsere gemeinsamen Arbeitsstunden. Diese fanden im Garten unter einem schattigen Kirschbaum, in Wiesbadens Eiscafés, in gemütlichen oder chaotischen Arbeitszimmern und anderen Lebensräumen statt – und niemals ohne irgendeine Art von Schokolade!

Mitgemischt haben:

Annelie und Barbara
Ein herzlicher Dank geht an euch für kreatives Mitdenken und Mitschreiben der Kurzgeschichten.

Bonita Modehandels GmbH & Co. KG
Bonita gab die Initialzündung zum Schreiben dieses Buches mit ihrer Anfrage, ob wir nicht noch mehr Ideen in Buchform herausbringen könnten. Vielen Dank für den Vertrauensvorschuss in unsere Fähigkeiten.

Nicola Brauch
Nicky hinterfragte und korrigierte jedes Wort mit Humor und Sachverstand. Herzlichen Dank!

BTE – Bundesverband des Deutschen Textileinzelhandels
Dank der Maßtabellen vom BTE, werden wir alle in Zukunft gut sitzende Unterwäsche tragen.

Adriana Calovini-Mosconi
Adriana zeichnete unermüdlich Tuchideen, immer wieder neu und anders und noch mal neu, bis uns das Ergebnis gefiel. Selbst während ihres Umzugs zeichnete sie das Gewünschte. Entschuldige Adriana, dass wir ständig neue Ideen hatten und immer wieder neue Vorgaben machten. Danke!

design werk
Das Grafik-Team Nikolai Krasomil und Liss Lind glaubte an die Buchidee und brachte sein Know-how mit ganzer Kraft und großem Ideenreichtum ein. Mit Digitalkamera und kreativer Bildbearbeitung steuerten sie einen großen Teil der tuchigen und schokoladigen Fotos bei.

Ehemänner und Kinder
Der allergrößte Dank geht an unsere geduldigen Ehemänner, Marc und Harro, die unsere Stimmungen teilten, im Haushalt kräftig mit Hand anlegten und mit männlichem Sachverstand den einen oder andern Rat gaben. Geduldig waren auch unsere Kinder: Lale beim Mithören von langatmigen Besprechungen und Telefonaten. Die Teenager beim Telefonauskunft erteilen oder modeln für Probefotos.

Christian Fischbacher Co. AG
Sie stellte uns hauseigene Fotos aus ihren aktuellen Tuchkollektionen zur Verfügung, die unsere Tuchideen lebendig werden ließen.

Arne Homborg – Arnes private Schokoladenseiten
Sie finden eine kleine Auswahl der gesammelten Rezepte in diesem Buch. Mehr zum Thema Schokolade auf seiner Internetseite.

Angelika Hoß
Herzlichen Dank, dass Sie unsere Fehler gewissenhaft und kommentarlos korrigierten. Damit brachten Sie uns einfühlsam und symphatisch die neue Rechtschreibung näher.

Imhoff-Stollwerck-Museum – Das Mmmuseum
Danke für das leckere Rezept und das verführerische Schokoladenfoto.

Jago Mode Accessoires GmbH
Dank Sonja Neumann wurde unser Buch mit modischen Fotos, aus den aktuellen Tuch- und Schalkollektionen garniert.

Gabi Keller
Dichterblut fließt in Gabis Adern. Trotz Fulltimejob und Pferdezucht wurden neue Gedichte, über Nacht, auf den Bildschirm gezaubert.

Oliver Rüther, Photograph
Herzlichen Dank für das stimmungsvolle Titelbild und die geschmackvollen Schokoladenansichten.

Schule Anne Weber
Herzlichen Dank für die Farbinspirationen.

Trevira GmbH
Zu unendlichem Dank sind wir Frau Sabine Schübel verpflichtet. Großzügig stellte sie uns Stimmungsbilder aus Trendfarbkarten zur Verfügung. Diese runden unser Buch anschaulich und farbenreich ab.

Metka Zimmermann
Unser Dank geht an die Superköchin Metka für die schmackhaften Schokoladenanimationen.

Ohne unsere Mitmischer wäre unser Buchprojekt nicht möglich gewesen. Wir alle waren ein gutes Team – und wir hoffen, Sie profitieren davon und tragen mit Freude Ihre Tücher und Schals.

Impressum

Redaktion, Konzept und Text
Christiane Keller-Krische, Gau-Algesheim
Heike Rüther, Wiesbaden

Gestaltungskonzept, Layout
design werk – Nikolai Krasomil & Liss Lind, Wiesbaden

Zeichnungen
Adriana Calovini Mosconi, Brixen, Italien

Fotografie
akg-images GmbH
Seite 34
Christian Fischbacher Co. AG
Seite 39 4. u. 5. v. links, 41, 53, 55 rechts, 56 links, 59 rechts, 124, 125
Gettyimages
Seite 6, 7
Jago Mode Accessoires GmbH
Seite 11 links, 39 2. v. links, rechts unten, 42 rechts, 43 links, 46 rechts oben, 47, 48 Mitte, 51 rechts, 56 rechts, 61, 62 links oben, Umschlagsrückseite
design werk
Seite 8, 9, 21, 33, 36, 37, 38, 64, 65, 66, 70, 82, 84, 91, 92, 108, 114, 116, 120, 128 links unten, rechts oben, 129 rechts oben, 131, 134, 135, 136, 138, 140, 142, 144, 145, 146, 147, 148, 149, 150, 151, 152, 153, 154, 155, 158, 159
Oliver Rüther
Titelfoto und Seite 14, 15, 16, 58 links unten, 68, 69, 122, 123, 126, 127, 137, 139, 141, 143, 157
Schokoladenmuseum Köln
Seite 22
Trevira
THE FIBRE COMPANY
Seite 10, 11 rechts 3 Bilder, 13, 17, 23, 26, 27, 28, 29, 30, 31, 32, 39 links, Mitte, 40, 42 links, 43 rechts, 44, 45, 46 links, 48 links, 49, 50, 51 links, 52, 54, 55 links, 57, 58 links oben, 59 links, 60, 62 links unten, 63, 121, 130 links oben, 129 rechts, 128, 132, 133

Lektorat:
Angelika Hoß, Wiesbaden

Druck
Alfa print s.r.o., Martin, Slovakia

ISBN 3 – 928 382 – 04 – 7

© 2003 by
Christiane Keller-Krische
Verlag für Hobby- und Freizeitliteratur
D-55435 Gau-Algesheim
Tel. / Fax: 00 49 (0) 6725 – 61 54
info@Keller-Krische.de
www.Keller-Krische.de

Verlagsnummer 99224
12. Auflage, 2019

Bibliografische Information Der Deutschen Bibliothek
Die Deutsche Bibliothek verzeichnet diese Publikation in der Deutschen Nationalbibliografie; detaillierte bibliografische Daten sind im Internet über http://dnb.ddb.de abrufbar.